# 화를 다스리면 인생이 달라진다

# 화를 다스리면 인생이 달라진다

알루보물레 스마나사라 지음
강성욱 번역
장운갑 편역

경성라인

Contents

## 1장 '화'란 무엇인가?

## 2장 화는 행복을 파괴한다



## 3장 화를 내지 않는 사람

## 4장 화를 다스리는 법

1장

# 화란 무엇인가

1

# 화를 제대로 알자

우리는 평소에 '화(怒)를 내는 건 정상적인 행동이다.', '화를 내면 왜 안 돼?', '화를 내지 않는 건 겁쟁이다.' 라는 말들을 자주 듣습니다.

실제로 화를 내는 사람들은 수없이 많습니다. 여러분 주위에도 욕을 하거나, 사람을 비방하거나, 비하하는 사람이 있을 것입니다. 요즘은 '화를 내는 건 당당한 태도이다.' 라는 풍조도 있습니다. 하지만 '화' 라는 말은 본래 입에 담을 수 있는 말이 아닙니다. '나는 화가 났습니다.' 라고 하는 것은 '나는 바보입니다.' 라고 말하는 것이기 때문입니다.

'화' 의 진정한 의미를 알고 있다면 '화' 라는 말을 쉽사리 입에 담을 수 없을 것입니다.

반대로 말하면 '화' 라는 말을 너무 자주 듣게 되는 것은 대부분의 사람이 '화' 에 대해 아무것도 모르고 있다는 말입니다. 화를 내는 것은 쉽지만, 화만 내는 인생은 어둡고 괴로울 따름입니다. 즐겁고 행복하게 살고 싶다는 마음은 있지만 그것이 불가능한 것은 버스 안에서 아이가 우는 것을 보면 울화가 치미는 것처럼 인생이 화에 찌들어 있기 때문입니다. 행복의 천적인 화에 대해서 지금부터 배워보도록 하겠습니다.

화를 내는 것은 쉽지만, 화만 내는 인생은 어둡고 괴로울 따름이다.

## 2
## 화는 누구나 내고 싶어한다

'화를 내고 싶지 않지만 화를 내게 된다.' 라는 말을 듣고는 합니다. 해답은 명백합니다. 간단하고 완전한 방법은 '화를 내지 않는 것' 입니다.

정말 그뿐입니다. 화를 내지 않으면 됩니다.

그렇지 않을까요? 화를 내지 않으면 화는 생기지 않습니다. 이외의 다른 해답이 있을 리가 없습니다. 화를 내지 않으면 되는 것입니다.

여기서 '맞습니다. 나는 화내지 않겠습니다.' 하고 말하는 사람은 이 책을 읽을 필요가 없습니다. 그렇지만 '화를 내지 않으면 되는데.' 하고 말하면 대부분의 사람은 '그게 되지 않으니까 묻고 있는 게 아닌가.' 하고짜증스럽게 생각할 것입니다.

여러분은 실제로 '나는 화내고 싶은 대로 마음대로 화를 냅니다. 하지만 화를 내면 안 되니까 좋은 방법을 가르쳐주십시오.' 하고 생각하고 있습니다. 누구나 화를 내고 싶어합니다. 하지만 마음 한구석에선 '화를 내지 않는 게 좋다.' 라는 생각을 하고 있습니다.

자신의 마음속에 이런 모순된 마음이 잠재하고 있지만 깨닫지 못합니다. 그래서 '나는 화내고 싶지 않다.' 라고 거짓말을 하게 되는 것입니다.

그렇지 않습니까? 여러분이 화가 난 것은 화를 내고 싶었기 때문일 것입니다. '화를 내고 싶지 않다.' 라는 말은 거짓말입니다. 정말로 화를 내고 싶지 않다고 생각하는 사람은 자신을 자제하며 주의 깊게 생활하기 때문에 웬만한 일에는 화를 내지 않으며, 일단 화를 내버린 후에는 부끄러워서 잠자코 있습니다.

화를 능숙하게 자제하는 방법에 관심을 기울일 필요는 없습니다. 인생은 너무나 짧기 때문입니다. 우리는 살아 있는 동안에 어떻게 해서든지 조금이라도 제대로 된 사람이 되기를 바랍니다. 여러분은 행복해지고 싶습니까?

만약 진정으로 행복해지기를 바란다면 먼저 '나는 화를 내고 싶어한다. 변변치 못한 사람이다.' 라고 인정하십시오. 그리고 '화란 무엇인가?', '우리는 왜 화를 내는가?' 라는 것을 이해하십시오.

문제의 해결은 문제의 이해에서부터 시작됩니다.

( 정말로 화를 내고 싶지 않다고 생각하는 사람은 자신을 자제하며 주의 깊게 생활하기 때문에 웬만한 일에는 화를 내지 않으며, 일단 화를 내버린 후에는 부끄러워서 잠자코 있는다.

## 3
## 인간은 '화'와 '애정'으로 살아간다

'화'에 대한 석가의 사상을 소개하기 전에 먼저 '화'에 대해 정확하게 정의해 보겠습니다.

'화'라는 것은 애정과 같이 마음에 갑자기 나타나는 하나의 감정입니다.

우리들은 자신의 가족을 보거나, 자신이 좋아하는 사람을 보면 마음속에 애정이라는 감정이 생깁니다. 무언가를 먹는 경우, 맛있는 음식을 보았을 때나 입안에 넣었을 때, 좋은 감정이 생깁니다. 그것은 순식간에 일어나는 현상입니다. 화는 애정과 똑같이 인간의 마음에 한순간 생기는 감정입니다.

간단하게 말하면 우리 인간은 이 두 종류의 감정에 의해 살아가고 있다고 할 수 있습니다. 하나는 애정이라는 감정이고 또 하나는 화라는 감정입니다.

( '화' 라는 것은 애정과 같이 마음에 갑자기 나타나는 하나의 감정이다.

# 4
# '화'가 생기면 '기쁨'이 사라진다

화를 의미하는 파리어(巴利語, 석가의 말을 충실하게 전하는 고대 인도어)는 많이 있지만 일반적인 것은 도사입니다. 이 도사라는 말은 '더럽다', '흐려지다' 라는 뜻이자 '어둡다' 라는 의미입니다.

마음에 그 '도사' 라는 더럽고 탁해진 것 같은 감정이 생기면 우리들은 어떤 것을 잃어버립니다. 그것은 피티라고 부르는, '기뻐하다' 라는 의미의 감정입니다. 우리 마음속에 화의 감정이 생김과 동시에 마음에서는 기쁨이 사라져버리는 것입니다.

사실 화는 알기 쉽습니다. 자신이 지금 화를 내고 있는지 어떤지 모르는 경우는 '지금, 나는 즐거운가?', '지금, 나는 기쁨을 느끼고 있는가?' 하고 자문자답을 해보면 됩니다. '그다지 즐겁지 않다.', '시시하다.' 라고 느낀다면 마음 어느 한 구석에 화라는 감정이 있는 것입니다. '아, 즐겁다.', '행복하다.', '두근거린다.' 이럴 때에는 화가 없습니다. '힘이 난다.' 면 마음속에 화는 없습니다.

이처럼 '화'라는 것을 문자 상에서가 아닌 '자신의 마음에 생기는 감정'으로 알아두십시오. 그것으로 화에 대해 어느 정도 인식할 수 있습니다.

(자신이 지금 화를 내고 있는지 어떤지 모르는 경우는 '지금, 나는 즐거운가?', '지금, 나는 기쁨을 느끼고 있는가?' 하고 자문자답을 해보면 된다.

## 5
## '어두운 감정'이 강해지면 '화'가 된다

감정에는 '점점 강해지는' 성질이 있습니다. 감정이 강해지면 성향도 변하기 때문에 다른 언어를 사용하게 됩니다.

알기 쉬운 예를 들어보겠습니다.

가정에서 사용되는 전기는 그다지 큰 양이 아닙니다. 우리들의 몸에도 작은 양의 전기가 흐르고 있습니다. 하지만 그 전기도 다양한 형태로 축적되면 성질이 바뀌어 버립니다. 몇백만 볼트 정도의 전압이 있어서 큰 정전기 에너지가 되면 번개라는 현상이 생깁니다. 전지의 전기가 자신의 몸에 들어와도 별다른 영향도 받지 않지만, 집안의 전선을 만지면 전기 쇼크로 죽을지도 모르고, 화재가 날지도 모릅니다. 따라서 같은 전기라도 축적되어서 압력이 높아지면 그 작용도 완전히 달라지는 것입니다.

화의 경우는 어떨까요?

'오늘은 따분하다. 따분해서 짜증이 난다.'라고 할 때 화의 감정도 있지만, 그것은 그다지 대단한 화는 아닐 것입니다.

그런데 전기와 같이 화도 점점 압력이 높아지면 위험해집니다. 자신이 폭발해 버리든지, 그 화로 인한 쇼크로 타인까지 파괴해 버릴 가능성이 있습니다. 같은 화라도 그 정도가 다르기 때문에 앞의 전지와 번개를 구분한 것처럼 화도 구분해야만 합니다.

화가 아주 강해지면 자신의 입술을 잘근잘근 씹거나, 주먹을 휘두르거나, 몸이 떨리기도 합니다. 그런 '강한 화'를 파리어에서는 베라라는 단어로 표현합니다.

파리어에는 화에 대한 말이 많이 있습니다. 공부도 겸해서 몇 가지 소개해 보겠습니다.

**첫째, 원한입니다** (우파나히).

일단 화가 생기면 좀처럼 사라지지 않고 며칠, 또는 몇 개월, 평생 지속됩니다.

**둘째, 경시하는 성격입니다** (마키).

항상 자신을 높게 평가하고 타인의 좋은 점을 경시하는 성격입니다. 사람의 재능, 능력, 미모, 체력 등의 장점을 인정하고 싶지 않아서 어떤 구실을 붙여서 경시하는 것입니다. 이것도 화입니다.

**셋째, 경쟁입니다** (팔라시).

타인과 조화를 이루어 사이좋게 살아갈 수가 없습니다. 항상 타인과 경쟁하고 짓밟으려 하며 타인을 이기려는 마음으로 살아가는 것입니다. 주위의 사람들에게 도전적이기 때문에 결과적으로 경쟁하게 됩니다. 이것도 화입니다.

**넷째, 질투하는 것입니다** (이스키).

타인의 좋은 점을 인정하고 싶지 않은 기분이지만, 그 에너지가 자신의 내면으로 향해서 어두워지는 것입니다.

**다섯째, 인색함입니다** (마차리).

속칭 구두쇠를 말합니다. 구두쇠라면 욕심을 부리는 게 아닌가 생각하기 쉽지만 사실은 다릅니다. 자신이 가지고 있는 것을 타인이 사용해서 기뻐하는 것을 싫어하는 것입니다. 서로 나눔으로써 모두가 즐거워지길 바라는 성격이 아닌 것입니다. 따라서 어두운 성격이자 인색함은 화인 것입니다.

**여섯째, 반항적이라는 뜻입니다** (두바카).

아무리 시간이 지나도 사람은 완전해지지 않습니다. 그래서 우리들은 타인에게서 배우고, 지도를 받으며 성장하지 않으면 안 됩니다. 타인에게서 배운다는 것은 죽는 순간까지 계속되는 행위입니다. 하지만 타인에게 이런저런 해야 할 일들에 대해 들으면 거부반응이 생깁니다. 이것도 화입니다.

**일곱째, 후회입니다** (쿠쿠카).

후회하는 것은 멋있는 것이라고 착각하고 있는 것입니다. 반성하는 것과는 다릅니다. 과거의 실패, 잘못을 떠올리고 괴로워하는 것입니다. 지나치게 어두운 성격입니다. 성질이 나쁜 화입니다.

**여덟째, 격노입니다** (비야파다).

이상한 화라는 의미라고 말할 수 있습니다. 아무런 이유도 없는데 화를 낸 경우라도 이것은 대단히 강렬합니다. 사람을 때리거나 죽이거나 하는 경우의 화가 바로 이 화인 것입니다.

간략하게 화의 종류에 대해 소개했지만 이 책에서는 '도사'와 '베라' 두 가지에 대해 다루겠습니다.

(같은 화라도 그 정도가 다르기 때문에 전지와 번개를 구분하는 것처럼 화도 구분해야만 한다.

## 6
## 세상을 파괴하는 원인은 '화'

침울한 감정, 행복이 사라진 감정, 불행을 느끼는 감정 즉 '도사'가 지나치게 강렬해지면 '베라'라는 단계까지 올라가서 가만히 있지 못합니다. 한층 강해지면 주위의 것을 파괴시켜 갑니다. 제일 먼저 파괴하는 것은 자신입니다. 자신을 파괴하고, 그리고 타인을 파괴해 갑니다. 세상의 파괴의 원인이 화인 것입니다.

세상에 있는 물건을 만들어내는 창조의 원천은 애정이며, 창조한 것을 파괴시켜 버리는 것은 화의 감정입니다.

이것은 보편적인 세상에 있는 두 종류의 에너지의 흐름입니다. 따라서 애정과 화는 하나의 세트입니다. 세상에는 바로 이 두 개의 에너지의 움직임이 존재합니다.

( 세상에 있는 물건을 만들어내는 창조의 원천은 애정이며, 창조한 것을 파괴시켜 버리는 것은 화의 감정이다.

7

# 감정을 인격화하지 않는 불교

힌두교에서는 '브라마는 창조한다. 그리고 시바의 신은 파괴한다.' 라며 분명하게 둘로 나눠서 생각하고 있습니다. 인간의 감정과 행동 등 모든 것에 신이 깃들어 있다고 믿고 있습니다. 그런 식으로 신의 세계도 둘로 나누어서 생각하는 것입니다.

기독교 등에서는 애정을 인격화해서 '신' 이라고 하고 후회나 질투 그리고 화를 인격화해서 '악마' 라고 칭합니다. 그래서 인간은 '신을 숭배해야 하고 악마와 싸워야 한다.' 는 식으로 무언가를 머릿속에서 상상해서 이미지를 만들어 행동합니다. 따라서 '신은 존재하는가, 존재하지 않는가.', '악마는 존재하는가, 존재하지 않는가.' 하고 생각하고 철학하면서 시간을 낭비하고 있는 것입니다.

이처럼 감정을 인격화하면 말로는 이해하기 쉽지만, 실천은 불가능해집니다. 문제를 구체적으로 파악할 수가 없어집니다.

그래서 불교에서는 인간의 감정을 인격화하지 않습니다. 처음에 이해를 돕기 위해 인격화해 버리면 인간은 결국 '그런 것은 자신과 따로 존재하고 있다. 자신은 유혹받고 있다. 자신은 나쁘지 않다.' 하고 남의 탓을 하며 자신은 '좋은 사람' 이라고 착각해 버립니다. '내가 나쁜 게 아니다.' 라는 태도를 취하는 것입니다. 자신의 마음을 들여다보는 것을 회피하려고 합니다. 여기에서 큰 잘못이 생기는 것입니다.

따라서 불교에서는 '인간의 감정을 인격화하지 않도록 주의하고 과학적으로 분석해 보라.' 고 깨우치고 있는 것입니다.

( 감정을 인격화하면 말로는 이해하기 쉽지만, 실천은 불가능해진다.

## 8
## '바퀴벌레를 징그럽게 생각하는 것'은 자신의 탓

불교적으로 화라는 감정이 생기는 이유를 분석하면 다음과 같습니다.

우리들이 눈을 떴을 때 아름다운 장미꽃 한 송이가 있습니다. 그리고 그 꽃을 보노라면 '꽃이다, 아름답다.' 라는 즐거운 감정이 생깁니다. 이것은 애정의 감정입니다. 다시 눈을 감았다가 떴을 때, 꽃 위에 커다란 바퀴벌레가 있는 것이 보입니다. 그 순간 '아, 뭐야, 징그러워.' 라는 감정이 생깁니다. 이것은 화의 감정입니다.

이 경우 '징그럽다.' 라고 생각하는 감정은 누구의 탓으로 돌리면 좋을까요?

'나에게 화가 생긴 것은 저 바퀴벌레 탓이다. 나쁜 건 바퀴벌레다. 범인은 바퀴벌레다.' 라는 식으로 단정하든지, 또는 '범인은 나 자신이다.' 라고 생각하든지의 문제입니다. 이것을 해결

하지 않으면 안 됩니다.

꽃을 보면 우리들은 '예쁘다, 바라보고 싶다, 갖고 싶다.' 라고 그 대상을 받아들입니다. 그렇지만 바퀴벌레가 눈에 띄면 우리들은 기분이 상하고, 부정합니다. 그렇다면 두 가지 작용, 즉 '받아들이는 것' 과 '거절하는 것' 은 대체 누가 하고 있는 것일까요?

그것은 바로 '자기 자신' 입니다. 우리들은 눈으로 대상을 보고, 귀로 소리를 듣고, 몸에 사물이 닿을 때, 이런 식으로 두 가지 판단을 내리고 있는 것입니다. 그 대상을 용인하면 애정이 생기며, 거절하면 화가 생깁니다. 따라서 화를 낼지 아닐지는 개인의 인격 문제입니다. 밝게 살지 혹은 괴롭고 억울해하며, 불만투성이의 인생으로 살지, 그것은 그 사람에게 달려 있지 다른 원인은 없습니다.

( '받아들이는 것' 과 '거절하는 것' 의 주체는 바로 '자기 자신' 이다.

9

# 닭에게 바퀴벌레는 진수성찬

장미꽃은 단지 자신의 습성으로 피어 있을 뿐, 장미 그 자체가 '아름답죠? 저를 보아 주세요.' 라고 애원하고 있는 것이 아닙니다. 인간이 무언가를 생각하는 것이지, 장미꽃과는 아무런 관계도 없습니다. 그것을 '아름답다.' 라고 생각하는 것은 인간의 마음입니다.

똑같이 바퀴벌레를 '징그럽다.' 라고 생각하는 것도 인간의 마음입니다. 정말 바퀴벌레는 그렇게 징그럽고 불결한 생명체일까요?

여러분은 본 적이 별로 없겠지만 닭은 바퀴벌레를 잘 먹습니다. 닭은 바퀴벌레를 보면 '맛있겠다, 먹어야지.' 라고 생각하고, 받아들이는 현상이 생깁니다. 바퀴벌레를 보면 우리들은 거절하면서 화를 내지만, 바퀴벌레를 본 닭은 '먹어보니 맛있잖아.' 라는 감정이 생기는 것입니다. 장미꽃을 보면 우리들에게는 애정이 생깁니다. 하지만 닭은 '뭐야, 시시해. 방해물이다.' 라고 거부하는 현상이 생겨 화가 생길지도 모릅니다.

( '아름답다.' 라거나 '징그럽다.' 라고 생각하는 것은 인간의 마음이다.

## 10
# 감정의 척도는 사람마다 다르다

일반적으로 어떤 인간이라도 '꽃은 아름다운 것' 이라고 생각할지 모르지만 음식이나 복장의 경우 문화에 따라 큰 차이가 있고 그 척도가 다릅니다.

어느 나라에서는 '여자는 남에게 몸을 보여서는 안 된다. 몸은 추하기 때문에 감추는 편이 아름답다.' 라고 생각하는 문화도 있습니다. 그 문화에서는 몸의 75% 정도를 밖으로 드러내고 있는 사람을 보면 모두가 기분이 상합니다.

반대로 '몸은 가능하면 보이게 하는 편이 아름답다.' 라고 생각하는 문화에서는 '아, 정말 아름답다. 미인이다, 멋있다.' 라고 생각합니다.

중동에서는 여성이 검은 차도르를 뒤집어쓰고 얼굴을 감춘 채 손의 일부만 밖으로 노출시킬 수 있습니다. 금목걸이나 귀걸이 등으로 치장을 하고 있어도 누구에게도 보이지 않습니다. 어쩌면 손만 보고 중동의 남자들은 '아, 아름다운 여자다.', '섹시하다.' 라고 생각하는지도 모르겠습니다. 얼굴이 보이지 않기 때문에 우리들은 할머니인지 어린 소녀인지 전혀 알 수 없습니다. 모두 똑같습니다. 우리들의 문화에서 보면 '대체 무엇을 위해 아름답게 태어난 것일까.' 라고 의아해 하겠지만, 그들에게는 당연한 일입니다.

( 음식이나 복장의 경우 문화에 따라 큰 차이가 있고 그 척도가 다르다.

11

# 회는 맛있다? 잔인하다?

일본에서는 살아 있는 새우를 회로 떠서 테이블 위에 올립니다. 새우의 안테나 같은 부분이 아직 움직이고 있고 눈은 힐끔거리며 여기저기를 보고 있습니다. 하지만 몸은 전부 토막토막 잘려져 회로 만들어져 있는 것입니다. 일본의 도락가들은 그것을 보고 '아, 맛있겠다.' 라고 크게 감동합니다.

이것을 인도나 스리랑카 사람들에게 보여주었을 때 '맛있겠다.' 라고 생각하기는커녕 무서워서 도망칠 것입니다. 두 번 다시 그 사람의 집에서 밥을 먹지 않을지도 모릅니다.

인도인의 사고방식은 '산 채로 먹는다고? 그렇게 잔인한 짓은 그만둬야 한다.' 라는 강렬한 거절반응이 생깁니다. 한편 일본에서는 '이것은 활어회라는 최고급 음식' 으로 인식하기 때문에 애정이 생기는 것입니다.

텔레비전에서 아프리카 산속에 살고 있는 가족을 일본으로 초대해서 생활체험을 하게 해주는 프로그램을 본 적이 있습니다.

'산에서 자기만 할 뿐, 사치를 전혀 모른다.' 고 알고 있던 일본인은 커다란 생선을 활어회로 만들어서 식탁에 놓았습니다. 그러자 아프리카에서 온 가족은 모두 식욕을 잃고 말았습니다. 산속에서 완전히 원시적인 생활을 하고 있음에도 진수성찬을 외면하며 "가지고 가세요. 치우세요."라고 외치는 것이었습니다. 18살 정도의 남자 아이가 특히 심하게 "보고 싶지 않다. 빨리 치워주세요." 하고 강한 거절반응을 보였습니다. 일본인 가족은 어쩔 수 없이 그것을 주방으로 들고 갔습니다.

이처럼 '어떤 감정이 생기는가.' 는 태어나고 자란 문화에 따라 커다란 차이를 보입니다.

감정은 교육이나 교육받은 환경, 매스컴에서 얻는 정보 등의 영향을 받습니다. 우리들의 선악에 판단이나 사물을 인식하는 능력은 그런 것에 의해서 마인드 컨트롤 당하기도 합니다.

'올해는 이것이 유행하고 있다.' 는 말을 들으면 별로 좋지도 나쁘지도 않은데도 '음, 좋구나.' 하고 생각하는 경우가 있을 것입니다. 예를 들어 '검정' 은 아무런 특색도 없는 색인데 검정이 유행하면 '검정은 멋있다.' 라는 인식이 퍼져서 거리는 검정색으로 넘쳐나게 됩니다. '지금 유행하고 있는 것은 이 색이다.' 라고 하면 모두 보는 각도를 바꿔서 '아, 아름답다. 예쁘다.' 라고 생각하고 애정의 감정을 만들어내는 것입니다.

( 감정은 교육이나 교육받은 환경, 매스컴에서 얻는 정보 등의 영향을 받는다. 우리들의 선악에 판단이나 사물을 인식하는 능력은 그런 것에 의해서 마인드 컨트롤 당하기도 한다.

12

## 자신을 바꾸면 행복해질 수 있다

이와 같이 감정이라는 것은 외부로부터 큰 영향을 받지만, 근본적인 원인은 개인에게 달려 있습니다.

'화를 내는 것도 애정을 갖는 것도 개인의 마음이다.' 라는 점을 먼저 이해하십시오.

화를 내는 것은 어느 누구의 탓도 아닙니다. 화를 내는 것은 자신의 탓인 것입니다.

반대로 말하면 우리들에게는 아주 낮은 가능성의 희망이 있을 뿐입니다.

그것은 '자신을 바꾸면 화의 감정을 완벽하게 불식시킬 수 있으며, 애정의 감정 혹은 행복한 감정만으로 살아갈 수 있다. 그 가능성은 충분히 있다.' 라는 것입니다. '인간으로 살기 위해서는 이와 같이 진정한 행복을 지향해야 한다.' 라는 것이 불교의 가르침입니다.

(감정이라는 것은 외부로부터 큰 영향을 받지만, 근본적인 원인은 개인에게 달려 있다.

## 13
## '나는 옳다' 라고 생각하면 화를 낸다

화를 내지 않는 게 좋다는 것을 알고 있음에도 우린 왜 화를 내는 것일까요.

항상 우리들에게는 화를 내는 이유가 있습니다. 그 이유를 하나하나 분석해 보면 제멋대로 많은 것을 판단해서 화를 내는 메커니즘이 있습니다.

인간은 언제나 '내가 옳고 상대가 틀렸다.' 라고 생각하고 있습니다. 그래서 화를 내는 것입니다. '상대가 옳다.' 라고 생각한다면 화를 낼 일은 없습니다. 이 점을 기억해 두십시오. '나는 전적으로 옳다. 완전하다, 상대가 나쁘다.' 라고 생각하기 때문에 화를 내는 것입니다.

타인에게 화를 내는 경우는 '내가 옳고 상대가 틀렸다.' 라는 입장에서 화를 내지만, 자신에게 화를 내는 경우는 어떻습니까. 그때와 똑같습니다.

어떤 일을 하려고 하지만 잘되지 않을 경우, 자신에게 심하게 화를 내는 것입니다.

예를 들어 '암에 걸렸다.'는 말을 들으면 자신에게 '왜 내가 암에 걸렸지.' 하고 심하게 화를 냅니다. '도대체 왜 일이 잘 풀리지 않는 것일까.', '왜 오늘 요리는 실패한 것일까.' 라는 식으로 자신을 책망하고 자신에게 화를 내는 경우가 있습니다. '나는 완전한데 왜 요리가 실패한 걸까.', '나는 완전하게 일을 해왔는데, 어째서 이번은 잘 풀리지 않는 걸까.' 하고 화를 냅니다.

인간은 언제나 '내가 옳고 상대가 틀렸다.' 라고 생각하고 있다. 그래서 화를 내는 것이다.

14

# '나만이 옳다' 라는 인간의 본심

'나는 완벽하다. 옳다.' 라는 생각은 합리적인 생각일까요?

만약 누군가에게 "정말로 당신은 완벽한 사람입니까? 자신이 전적으로 옳다고 생각하고 있습니까?"라고 묻는다면 "아니요, 터무니없습니다. 나는 전혀 그렇게 생각하지 않습니다."라고 말합니다. 그러나 "아, 그렇군요. 그럼 당신은 바보군요." 하고 말하면 곧장 화를 냅니다. 여기에 모순이 있습니다.

사람들은 예의상 '나는 바보다.' 라고 겸손해 하면서도 마음속에서는 '절대로 그렇지 않다. 나야말로 가장 옳은 사람이다. 다른 사람들이 틀렸다.' 라는 식으로 생각하고 있는 것입니다.

예를 들어 어머니가 아이를 혼내거나, 선생님이 학생을 꾸짖거나, 상사가 부하직원을 책망할 때 아이나 학생이나 부하직원이 무언가를 잘못했을지도 모릅니다.

그래서 화를 내고 꾸짖는 것이지만 그때 우리들은 '당신이 잘못을 했기 때문이다.' 라고 자신의 화를 정당화합니다.

상대가 잘못했다면 '그건 이래서 잘못된 거예요. 그러니 두 번 다시 잘못을 하지 않도록 합시다.' 라고 웃는 얼굴로 말하면 일은 그걸로 끝날 것입니다. 그런데 왜 화를 내는 것일까요.

그것은 '자신은 옳다. 자신의 말이 옳다. 자신의 생각이 옳다.' 라고 하는 생각이 머릿속에 있기 때문입니다.

( 사람들은 예의상 '나는 바보다.' 라고 겸손해 하면서도 마음속에서는 '절대로 그렇지 않다. 나야말로 가장 옳은 사람이다. 다른 사람들이 틀렸다.' 라는 식으로 생각하고 있다.

15

## '자신은 문제투성이' 라는 것을 깨달으면 화내지 않는다

우리들의 마음속에 있는 '나는 옳다.' 라는 생각은 잘못된 것입니다. 그것을 '내가 옳을 리 없다.' 라고 정정해야 합니다. '나는 완전하다.', '나는 옳다.' 라는 터무니없는 생각은 어서 빨리 버리는 편이 좋습니다.

조금 더 깊게 생각해 보십시오. 인간은 완전할 수가 없습니다.

사물을 바르게 판단할 수 있는 지식인이라면 '나는 절대 옳지 않다. 지금은 이렇게 말하고 있지만, 그것도 허점투성이다.' 라는 걸 알고 있습니다. 인간은 말도 완전하지 않고 사용하고 있는 단어나 비유도 완전하지 않으며 무엇 하나 완전할 수 없는 것입니다.

비록 아이나 학생, 부하직원이 잘못을 범했더라도 자신의 말하는 법이 잘못됐을지도 모릅니다. 그렇다면 양쪽 다 잘못을 범하고 있는 것이 됩니다.

따라서 '자신이 옳다는 생각은 비합리적이고 비현실적이며 거짓이고 있을 수 없는 일이다. 이 있을 수 없는 일을 전적으로 믿고 있는 자신만큼 멍청이는 세상에는 없다.' 라고 분명하게 이해했다면 더 이상 화를 내지 않게 될 것입니다. '나는 옳다라고 말할 수 없다. 나는 불완전하다. 잘못 투성이다.' 라는 마음이 들면 그 사람은 두 번 다시 화를 내지 않습니다.

(사물을 바르게 판단할 수 있는 지식인이라면 '나는 절대 옳지 않다. 지금은 이렇게 말하고 있지만, 그것도 허점투성이다.' 라는 것을 알고 있다.

16

# 말은 올바르지 않다

불교에서는 '이 세상에는 석가만큼 완벽한 인간은 없다.' 라고 믿고 있습니다. 아무리 연구를 해봐도 우리들에게는 석가만큼 뛰어나게 보이는 것은 없습니다. 여러분이 믿거나 말거나 그것은 상관이 없습니다.

석가는 '사람들과 이야기를 할 때 어떤 말을 사용해야 할까.' 라는 점에 많은 신경을 쓰고 있었다는 것은 경전을 봐도 잘 알 수 있습니다. 적당히 말을 하지 않고 대단히 신중하게 말을 선별해서 이야기를 했습니다. 그럼에도 말 자체가 불완전하기 때문에 오해를 초래한 적도 있습니다.

어떤 사람이 '한두 마디로 당신의 가르침을 설명해 주십시오.' 라는 말을 듣고 석가는 '예, 알았습니다.' 하고 서너 마디 말로 자신의 가르침을 설명했습니다.

하지만 그래서는 상대가 알아들을 수가 없었을 것입니다. 상대는 이해를 못 하고 화를 내면서 '도대체 무슨 말을 하는 거야.' 라고 말하고 돌아가 버렸습니다.

보통사람이라면 '짧게 말해 달라고 한 건 당신이다.' 라고 화를 내겠지만 석가는 화를 내지 않았습니다.

그리고 비구(比丘)들 앞에서 '이런 사람이 와서 이런 질문을 해서 나는 이렇게 대답했다. 그 사람은 알아듣지 못해서 화를 내고는 돌아가 버렸다.' 라고 아무렇지 않은 듯 설명했다고 합니다.

이 일화에서 알 수 있는 것은 비록 석가라도 완벽하게 말을 할 수 있는 게 아니라는 것입니다. 석가는 그것을 알고 있었고 '이 사람이 화가 나서 나를 비웃으면서 돌아간 것은 당연한 일이다.' 라고 아무렇지 않게 생각했던 것입니다. '나는 제대로 말했는데 어째서 당신은 이해하지 못하는가.' 라고 화를 내지 않았습니다. 보통 석가는 스님들이 '석가의 말씀은 어떤 의미인지, 설명해 주십시오.' 라고 청하면 그것은 속이 깊은 이야기이기 때문에…… 하고 장황하게 설명합니다.

보통 어머니들은 '도대체 몇 번을 말해야 알겠니.' 하고 화를 냅니다. 무언가에 대해서 '이걸 해라.', '저건 해서는 안 된다.' 라며 반복해서 말을 합니다. 그렇지만 아이들은 말을 듣지를 않습니다. 몇 번을 이야기해도 모르는 것은 자신이 말하고 있는 말이 옳지 않기 때문일지도 모릅니다.

사실은 '말이 옳지 않을지도 모른다.' 가 아니라 '말이 옳지 않은' 것입니다. 말은 불완전한 것입니다. 그 불완전한 말을 불완전한 우리들이 열심히 선별해서 말한다 해도 이 또한 불완전한 상대에게 제대로 전달될 리가 없는 것입니다.

( 말은 불완전한 것이다.

17

# 착한 사람, 미움받는 사람

원만한 부부관계를 위해 아내가 열심히 노력하는 경우가 있습니다.

이것은 과연 바른 것일까요? 지나치게 배려하는 행동이 오히려 상대에게 미움을 살 가능성이 있습니다.

아내가 '남자는 착한 여자에게 끌리기 마련이니 잘해줘야지.' 라고 생각하더라도 남편의 성격에 따라 꺼림칙하게 느낄 수도 있습니다.

어떤 결과를 초래할지는 아무도 모릅니다. 그것은 어느 쪽도 완전하지 않기 때문입니다.

아내가 오랫동안 남편의 뒷바라지를 해왔는데, 남편이 집을 나가버렸을 때, 아내는 '정말로 자신 있게 내가해야 할 일을 했나.' 하고 반문해 보면 '그렇지 않았다.' 라는 것을 알 수 있을 것입니다.

당신은 '정말 최선을 다했지만 결과는 자신이 바라던 대로 되지 않았다. 하지만 후회는 없다. 왜냐하면 최선을 다했기 때문에.' 라고 생각하십시오.

( 어떤 결과를 초래할지는 아무도 모른다. 그것은 어느 쪽도 완전하지 않기 때문이다.

18

## 대가를 바라지 않는 노력

열심히 노력하는 것은 좋은 일입니다. 하지만 노력의 대가를 바라는 것은 잘못된 것입니다.

자신이 원하는 결과만을 바라는 것은 무지의 소산입니다. 세계는 여러분의 사정 따위에는 관심도 없습니다. 따라서 '잘되길 바라는' 태도는 완전한 무지입니다. 그런 희망은 하루빨리 버리는 편이 좋습니다.

'자신은 완전하지도 않고 타인에게 절대로 완전한 결과를 원하지 않는다.'는 생각이 이 세상에서 우리들이 냉정하게 살아갈 수 있는 비결입니다.

자신이나 타인이나 어느 누구도 완전하지 않습니다. 일이 완벽하게 잘 풀리는 경우는 있을 수 없는 일입니다.

물론 만사를 적당히 하는 것은 좋지 않습니다. 최선을 다하는 것은 당연한 일이고, 열심히 노력했지만 결과는 알 수 없다고 생각하는 이성적이고 냉정한 삶의 방식이 좋습니다. 이렇게 살아간다면 화를 낼 일은 없습니다.

'자신은 완전하다. 완벽하다.' 라고 생각하는 무지한 사람은 자신의 생각대로 일이 풀리지 않으면 화를 내고, 그때마다 곤경에 처합니다.

이것은 바보스러운 짓이며 대단히 무지한 삶을 살고 있다고밖에 생각되지 않습니다.

'자신은 완전하지도 않고 타인에게 절대로 완전한 결과를 원하지 않는다.' 는 생각이 이 세상에서 우리들이 냉정하게 살아갈 수 있는 비결이다.

19

# 화내는 사람의 생각

'화는 어떻게 생기는가.' 에 대해서 생각해 봅시다.

이것은 진지하게 이해하려고 하지 않으면 별로 도움이 되지 않습니다. '단편적인 지식 같은 것일 것이다.' 라고 흘려듣는다면 절대로 행복을 붙잡을 수 없습니다.

명상 실천을 할 때 저는 '무엇이나 객관적으로 보십시오.' 라고 말하지만 석가의 가르침을 이해하는 경우에는 다릅니다. 석가의 가르침은 철저하게 주관적으로 보면 바로 그 자리에서 행복을 느낄 수 있고, 해탈의 경지에 들 수가 있습니다. 따라서 '이것은 자신의 일이다.' 라고 진지하게 마음속에 담아두고 세심하게 이해하지 않으면 안 됩니다.

화를 내는 사람은 다음과 같이 생각합니다.

'저 사람은 나를 비방한 게 아닌가.', '이 사람이 나를 비방한 게 아닌가.', '저 사람들이 나를 괴롭히고 있지 않은가.'

우리들은 타인에게서 여러 가지 일로 정신적, 육체적으로 괴롭힘을 당하는 일이 있습니다. 타인에게 괴롭힘을 당하거나 상처를 입으면 '아, 이 사람은 내게 상처를 줬다. 나를 괴롭혔다.' 라는 식으로 생각합니다. 또는 수많은 인생의 경쟁 중에서 자신이 졌을 때 '이 사람들에게 졌다.' 또는 '이 사람들이 나를 이겼다.' 라고 생각합니다.

( 석가의 가르침은 철저하게 주관적으로 보면 바로 그 자리에서 행복을 느낄 수 있고, 해탈의 경지에 들 수가 있다.

20

## 비난받으면 화를 낸다

이제 '비방하다.' 라는 의미에 대해 설명하겠습니다.

이것은 예전부터 세상에 존재했습니다.

인간은 타인이 말하는 말을 듣고 '나는 비방받고 있다.', '나를 비판하고 있다.', '경시하고 있다.', '무시하고 있다.', '바보 취급하고 있다.' 라는 식으로 생각하는 것입니다.

그렇게 생각할 때 행복합니까? '나를 바보 취급하고 있는 것 같다.' 라고 생각하면 행복합니까?

기분이 좋지 않을 것입니다. '나를 무시하고 있다.', '나를 경시하고 있지 않은가.' 하고 생각하면 기분은 좋지 않을 것입니다.

그리고 그런 생각뿐만 아니라 그 일을 오랫동안 기억합니다. 비록 공부한 것은 금방 잊어버리더라도 그런 일은 기억하는 것입니다.

우리들은 도움이 되는 말은 너무나 쉽게 잊어버리지만 남들에게 험담을 들으면 평생 잊지 못합니다. 그럴 경우에만 우리들의 기억력은 뛰어납니다.

( 도움이 되는 말은 너무나 쉽게 잊어버리지만 남들에게 험담을 들으면 평생 잊지 못한다.

21

# 괴롭힘을 당하면 화를 낸다

이제 몸을 아프게 하는 것, 폭력을 당하는 것에 대해 얘기하고자 합니다.

학교에는 육체적인 괴롭힘이 있지만, 어른이 되어서도 괴롭힘은 사라지지 않습니다. 서로 괴롭힙니다. 그것은 남성뿐만 아니라 여성 사이에서도 흔한 일입니다.

여러 가지 일로 타인을 괴롭히고, 괴롭힘을 당한 쪽은 그것을 기억하고 절대로 잊지 않습니다. 이것은 인간의 자연스러운 양식입니다. 친절을 받은 일 따위는 너무나 쉽게 잊어버립니다. 그 대신 괴롭힘을 당한 일 만큼은 평생 기억합니다. 그래서 괴로워하는 것은 예전에 피해를 당한 자기 자신인 것입니다.

괴롭힌 쪽이 괴로워할 일은 없습니다. 괴롭히는 쪽은 상대를 평생 괴롭히려고 하는 의도는 전혀 없습니다. 저는 '잊지 않고 기억한다면 마음대로 하십시오. 하지만 당신은 불행해집니다.'

라고 밖에 말할 수 없습니다.

아주 사소한 일이라도 '저 사람은 나를 괴롭혔다. 상처 입혔다.' 라고 생각하면 화가 나는 것입니다.

( 여러 가지 일로 타인을 괴롭히고, 괴롭힘을 당한 쪽은 그것을 기억하고 절대로 잊지 않는다.

22

## 패배하면 화를 낸다

세상은 경쟁의 세계이기 때문에 누군가가 이기고 누군가는 지기 마련입니다.

비즈니스 세계에서도 '자신만이 이익을 보는' 일은 있을 수 없습니다. 이익을 보는 사람이 있으면 손해를 보는 사람이 있기 마련입니다.

입학이나 입사 시험과 같이 선발 시험에서 모두가 선택되는 것은 아닙니다. 누군가는 반드시 떨어집니다.

그래서 우리들은 늘 패배를 맛보지 않을 수 없습니다. 그것을 '싫다.' 라고 생각하면 이 세상에서 살아갈 수 없습니다. 생명이라는 것은 경쟁의 논리로 성립되어 있기 때문에 누군가가 성공하면 누군가는 반드시 실패하게 되어 있습니다.

유치원의 20미터 달리기에서도 1등을 하는 아이가 있으면 꼴등을 하는 아이도 있습니다. 그것은 피할 수 없는 현실입니다.

그 사람이 이긴 것은 본인의 재능과 능력 덕택이고 자신에게는 그런 재능과 능력이 없기 때문에 진 것입니다. 그것은 어쩔 수 없는 일입니다. 그럼에도 진 사람은 '저 사람만 없었으면 나는 그 일을 맡을 수 있었는데.' 라거나 '저 두 사람이 없었다면 나는 합격했을 텐데.' 라고 생각하기도 합니다.

여자 두 명이 남자 한 사람과 사이좋게 지내고 있습니다. 그 남자가 두 사람과는 결혼을 할 수 없기 때문에 한 사람을 선택했습니다. 그러면 다른 한 명의 여자는 증오와 고통과 극심한 분노를 느낍니다.

저도 실제로 그런 이야기를 들은 적이 있습니다. '저 여자는 정말 교활합니다. 수많은 교활한 짓을 해서 그 남자를 붙잡은 겁니다. 사실은 제가 더 그 사람을 좋아했었는데.' 라거나 또는 '나는 그다지 멋을 부리거나 치장으로 사람을 속이려고 하지 않았습니다. 하지만 그 여자는 매일 치장을 하고 외모로 그 남자를 속인 겁니다.' 라고 말하는 것입니다.

이것도 결국 화입니다. 그 경우에도 경쟁이기 때문에 한 사람이 이기고 한 사람은 진 것입니다. 단지 그뿐입니다. 그리고 그것은 피할 수 없는 일입니다.

우리들의 이상한 점은 '경쟁하자, 경쟁하자.' 말하면서 지면 '져서 분하다.' 라고 말하는 점입니다. 졌는데 왜 분해하는 것일까요? 경쟁하는 것이기 때문에 승패는 당연히 존재하는 것입니다. 어느 쪽이라도 있는 그대로 받아들이면 되는 것입니다. 그렇지만 그렇지 못합니다. 그래서 지면 화가 등장하는 것입니다.

( 상대방이 이긴 것은 본인의 재능과 능력 덕택이고 자신에게는 그런 재능과 능력이 없기 때문에 진 것이다.

23

## 빼기면 화를 낸다

'내 것을 훔쳤다.' 라는 생각도 이 세상에서는 흔한 일입니다. '속아서 돈을 빼앗겼다.' 또는 '저 회사는 뇌물로 일을 중간에서 가로챘다. 그래서 우리들은 졌다.' 하고 화를 냅니다.

( '내 것을 훔쳤다.' 라는 생각에도 화를 낸다.

## 24
# 안 좋았던 일을 떠올려도 한층 불행해진다

어린아이는 꽃을 보면 웃고, 엄마에게 꾸중을 들으면 울고, 그걸로 끝입니다. 마음은 대단히 깨끗합니다. 과거의 나쁜 일을 떠올리거나 하지는 않습니다. 우리 모두의 머릿속도 애기들처럼 순백으로 남아 있기를 바랍니다.

하지만 어른은 다릅니다. 안 좋았던 일을 집요하게 기억하고 떠올리면서 끊임없이 연상 작용을 합니다. 그런 연상 작용이 시작되면 어떻게 될까요.

'나를 비방했다, 나에게 폐를 끼쳤다, 나를 괴롭혔다, 나를 이겼다, 내 것을 빼앗았다.' 라며 일일이 머릿속에서 생각하면서 원망합니다. '머릿속에서 고통스럽게 생각하고 있다, 고민하거나 괴로워한다.' 라는 것입니다.

대체로 음울한 사람은 이런 행동을 하고 있습니다. 언제나 머릿속에서 '남에게 졌다.' 혹은 '분하다.' 라는 복잡한 일을 생각하고 있는 것입니다.

이렇게 해서 화가 생기는 것입니다. 화는 점점 팽창하고 타인을 파괴하기 전에 제일 먼저 자신을 파괴하고 불행을 초래합니다.

( 어른들은 안 좋았던 일을 집요하게 기억하고 떠올리면서 끊임없이 연상 작용을 한다.

25

# 사소한 망상이 화를 만든다

말을 할 때 때로는 단어를 잘못 사용하고도 그 말의 진의를 이해하고 기뻐해 줄 것이라는 기대를 갖곤 합니다.

그러나 인간의 마음에는 자신에게 불리한 것만을 기억하고 유리한 것은 완전히 잊어버리는 법칙이 있습니다.

그래서 일부 사람들은 잘못해서 사용한 말만은 절대로 잊지 않고 모욕을 받은 기분이 되어서 행복을 느끼기는커녕 혐오감을 갖는 경우도 있습니다.

이런 것들 때문에 인간은 불행해집니다. 좋은 것이나 유익한 일은 기억해도 좋은데 금방 잊어버립니다.

한편 상대가 잘못해서 조금 지나치게 말한 것이나 기분을 상하게 한 일은 집요하게 기억합니다. 생각하면 생각할수록 화가 복받쳐 올라 몸을 파괴하고, 자신의 행복을 소멸시켜 버립니다. 험담을 한 것은 상대방이지만 그 말을 들은 사람은 계속해서 그 말을 생각해서 자신의 가족이나 직장동료 등 모두의 행복을 빼앗는 어처구니없는 경우가 발생하는 것입니다.

'비방을 받았다.', '괴롭힘을 당했다.', '졌다.', '빼앗겼다.'라는 것도 모두 시시한 것입니다. 이런 시시한 망상을 되새기고 확대시켜 불행의 늪에 빠지는 것은 피해야 합니다. 비록 사소한 일이라도 우리들의 머릿속에 이런 시시한 망상을 만들지 않도록 해야 합니다. 그것이 화를 내지 않는 비결입니다.

( 인간의 마음에는 자신에게 불리한 것만을 기억하고 유리한 것은 완전히 잊어버리는 법칙이 있다.

## 26
# 이기심이 망상을 만든다

이처럼 화의 원인이 되는 망상개념을 만드는 것은 무엇일까요?

그것은 '나=이기심' 입니다. 이기심이 없으면 화는 성립하지 않습니다. 이기심은 '나', '자기' 라는 고정관념입니다. 인간은 자신을 '이것' 이라고 손으로 가리킬 수 있는 확고한 존재입니다. 우리들이 붙잡고 있는 고정관념은 바로 이기심입니다. '나는 이것을 해야 한다.', '나는 위대하다.', '나를 인정해 주어야 한다.' 등의 이기심이 생기는 사고는 행복의 방해물입니다.

'나는 남자다.' 라고 강하게 생각하면 여성을 차별하고, 그 반대라면 남성을 바보 취급할 것입니다. '나는 열심히 공부해서 좋은 대학을 졸업했기 때문에 대단하다.' 라고 생각하면 다른 사람들을 바보로 보게 됩니다.

그렇지만 결국 바보는 그렇게 생각하고 있는 자기 자신입니다. 아무리 머리가 좋고 능력이 뛰어나도 남들을 업신여기고 남의 말을 듣지 않으면 인간관계는 원만해질 수 없습니다. 취직한 회사에서도 외톨박이가 됩니다. 그래서 마음은 어두워지고 능력은 점점 발휘할 수 없게 되는 악순환 속에 불행의 나락으로 빠지게 되는 것입니다. '공부를 잘해서 명문대를 졸업했는데도 그 후의 인생은 불행할 뿐이다.' 라는 사람이 꽤 있습니다. 그것은 이상할 것도 없는 일입니다.

( '나는 이것을 해야 한다.', '나는 위대하다.', '나를 인정해 주어야 한다.' 등의 이기심이 생기는 사고는 행복의 방해물이다.

27

# 이기심 → 무지 → 불결함 → 화

'나는 남자다.', '젊다.', '중년이다.', '노인이다.', '나는 과장이다.', '부장이다.' 이런 것은 잘 생각해 보면 그리 대단한 일이 아닙니다.

원래 '나는 무엇이다.' 라는 생각에서 세상의 모든 문제가 발생한다고 해도 과장이 아닙니다. 그런 생각만 버린다면 모든 문제는 해결됩니다. 행복해지고 싶다면 이기심은 버리는 편이 좋습니다.

불교에서는 바른 일을 실천에 옮기는 일이 가장 중요한 일이지 '부하이기 때문에' 라거나 '과장이기 때문에', '사장이기 때문에', '집의 가장이기 때문에' 라는 것은 전혀 관계없습니다. 신경을 써야 할 것은 그 행동이 바른가, 바르지 않은가라는 점뿐입니다.

비록 아이라도 바른 말을 하면 인정하고 실천해야만 합니다.

'조그만 게 건방지다.' 라고 말하는 사람이 있다면 그 사람이야말로 자신의 무지와 잘못을 부끄러워해야 합니다.

화에 대해서 생각할 때 이기심은 가장 큰 문제입니다. 그리고 이기심이라는 것은 한 번 생기면 여러 가지 번거로운 일을 동반하는 골칫거리입니다. 이기심에서 무지가 생기고 모든 불결함이 뒤따라오기 마련입니다. 그리고 그 불결함은 외부에서 공격을 받으면 화로 바뀌는 것입니다.

( '나는 무엇이다.' 라는 생각만 버린다면 모든 문제는 해결된다.

## 28
# 화내는 습관은 고치기 어렵다

이기심이 강한 사람의 주위에는 적들만 생깁니다. 세상이나 사람을 적으로 만드는 원인은 자신의 이기심입니다. '여기에 내가 있다.', '나는 이런 사람이다.', '나는 회사에서 부장이다.', '나는 과장이다.' 또는 '나는 여자다.', '나는 남자다.' 등의 '나'에 대해 여러 가지 개념을 부여하고 있기 때문에 타인과 접촉해서 이런 개념이 파괴되었을 때 화가 생기는 것입니다. 그리고 화가 마침내 '화내는 습관'으로 고정되면 좀처럼 고칠 수 없어집니다.

여성에게 '차 좀 내오라.'라고 말해서 싫은 기색을 보이면 '자넨 여잔데, 여자가 차를 내오는 것은 당연한 일이다.'라고 태연하게 말하는 한심한 남성도 있습니다. 그리고 자신이 명령한 일을 꼼꼼히 처리하지 않으면 화를 냅니다.

'상사인 내 말을 부하가 듣는 것은 당연한 일이다.'라고 하는 말도 종종 듣지만, 누가 그것을 정한 것은 아닙니다. 그 또한 단지 이기심일 뿐입니다.

이런 사람은 '여자이기 때문에, 부하이기 때문에 이런 일을 거부해서는 안 된다.' 라고 당연한 듯이 생각하고 있지만, 누가 그것을 정한 것이 아닙니다. 그것은 이기심에서 생긴 무지 그 자체입니다. 생각이 완전히 뒤틀린 것입니다.

다음 장에서는 이런 화를 내버려두면 어떻게 되는지 자세하게 이야기 하겠습니다.

( 세상이나 사람을 적으로 만드는 원인은 자신의 이기심이다.

2장

# 화는 행복을 파괴한다

1

# 거절하는 힘이 강렬해지면

우리가 무언가를 보거나 듣거나 맛을 보거나 냄새를 맡거나, 그리고 생각하거나 한 것에 대해서 생기는 '싫다' 라는 거절의 감정이 화입니다. '이것은 먹고 싶지 않다.' 또는 '저 사람과는 말하고 싶지 않다.', '저기는 가고 싶지 않다.' 라는 에너지가 '화' 인 것입니다.

거절의 에너지가 강렬해지면 불행이 생깁니다.

'저 사람과는 말하고 싶지 않다.' 라거나 '사귀고 싶지 않다.' 라는 생각이 들 정도라면 아직 에너지는 약하지만, '보고 싶지 않다.' 또는 '말하는 것도 듣기 싫다.' 라는 생각까지 들 정도면 그것은 아주 강렬한 힘을 지니게 됩니다.

그것이 점점 상승하면 '저 사람은 지금 내 눈앞에 없지만 다른 어딘가에서 즐겁게 지내는 게 참을 수 없다.' 라는 생각이 들게 되고, 어떻게 해서든지 그 사람을 죽이고 싶다는 생각까지

하게 되는 겁니다.

인간의 화라는 것은 그렇게까지 고조되는 것이며 자연이나 사회, 무엇이든 파괴할 수 있습니다. 하지만 '화'라는 것은 그 사람의 마음속에서 생기는 감정으로 한 가지만은 확실하게 말할 수 있습니다.

'자신을 고칠 수 있다면 화로부터 도망칠 수가 있다.' 그렇습니다. 역시 모든 건 자신에게 달려 있습니다.

( 무언가를 보거나 듣거나 맛을 보거나 냄새를 맡거나, 그리고 생각하거나 한 것에 대해서 생기는 '싫다'라는 거절의 감정이 화이다.

2

## 화를 내는 건 어쩔 수 없는 일이다?

이렇게 말하면 '자연스러운 감정이기 때문에 괜찮을 거야.' 라고 말하는 사람이 있을 것입니다.

꽃을 보면 '아름답다.' 라고 생각합니다. 바퀴벌레를 보면 '불결하다.' 라고 생각합니다. 돼지고기를 보면 '아, 맛있겠다.' 라고 생각하지만 뱀을 죽여서 토막낸 모습을 보면 '아, 징그럽다.' 라고 생각합니다. '그런 건 당연한 것이다.' 라고 생각하는 사람도 많을 것입니다.

하지만 그렇다고 해서 '그렇게 생각하는 것은 자연스러운 것이다. 화내는 것도 애정이 생기는 것도 인간이기 때문에 어쩔 수 없지 않은가.' 하고 자신의 감정을 무조건 긍정해 버리면 어떻게 되겠습니까. '본능인데 화내는 것은 당연하다. 인간이라면 화내는 건 당연한 일이다.' 라고 생각할 수 있습니다.

그래서 대부분의 사람은 자신을 포기하고서 '나는 금방 화를 냅니다. 그건 인간의 본능이기 때문에 어쩔 수 없습니다.' 라고 자기변명을 하는 것입니다.

분명히 화도 인간의 본능 중의 하나입니다. '화는 인간의 본능적인 감정이어서 자기가 화내는 것도 나쁘지 않다.' 라고 결정해 버리면 아무 노력을 하지 않아도 되기 때문에 복잡한 일은 생기지 않습니다.

'화는 인간의 본능적인 감정이어서 자기가 화내는 것도 나쁘지 않다.' 라고 결정해 버리면 복잡한 일이 생기지 않는다.

3

# '화내는 인생'에 기쁨은 없다

만약 어떤 사람이 항상 화를 내는 성격이라고 한다면 그 사람은 평생 무엇을 느끼는 것일까요?

'화'가 나면 '기쁨'을 잃어버린다고 앞에서 이야기했습니다. 따라서 그 사람은 줄곧 불행을 느끼게 되는 것입니다. 인간으로 태어나서 아주 작은 기쁨도 느끼지 못하고 불만투성이인 불행한 인생인 것입니다.

불쌍한 생각이 들지 않습니까? '그건 그 사람의 성격이니까 어쩔 수 없다. 그대로라도 상관없다.'라고 내버려두어도 좋겠지만 역시 불쌍한 생각이 들지 않습니까?

인간에게는 일을 하는 기쁨과 아이를 키우는 기쁨, 건강하게 활동하는 기쁨, 모두와 사이좋게 지내는 기쁨 등 '삶의 기쁨'이 얼마든지 있습니다. 그리고 지금 세상에는 맛있는 음식을 먹거나, 어딘가로 여행을 가거나, 예쁜 옷을 입고 멋을 부리는 기쁨과 즐거움이 있습니다. 항상 화를 내는 사람에게는 그런 모든 기쁨과 무관해지는 것입니다.

예를 들어 불만투성이인 사람과 함께 여행이나 밥을 먹으러 가보십시오. 그 사람은 반드시 상대까지 초조하게 만들 정도로 불평만 토로하고, 무엇 하나 기쁨을 느끼지 못할 것입니다. 주위에서 무엇 하나 기쁨을 느끼려고 하지 않기 때문에 다른 사람들은 즐거움을 느끼지만 그 사람만은 불행할 뿐입니다. 그리고 함께 간 사람까지 즐거움이 사라져버릴 것입니다. 그런 사람은 주위의 사람에게는 피해만을 줄 뿐입니다. '화내는 것은 본능이다.' 라고 내버려둘 수는 없는 이유입니다.

인간에게는 일을 하는 기쁨과 아이를 키우는 기쁨, 건강하게 활동하는 기쁨, 모두와 사이좋게 지내는 기쁨 등 '삶의 기쁨' 이 얼마든지 있다.

4

## 인간은 기쁨 없이 살아갈 수 없다

목이 마를 때에는 한 방울의 물도 소중합니다.

인간이 느끼는 행복도 이와 같습니다.

산다는 것은 몸을 지탱하는 것이기 때문에 그것만으로도 힘든 일입니다. 그 괴로운 인생 속에서 우리들에게는 한 방울의 물방울과 같은 아주 작은 기쁨이 있습니다.

일을 하고 있을 때는 힘들어도 '일을 하고 있다.' 라는 작은 충실감과 행복감, 일이 잘 풀렸을 때는 달성감이 있습니다.

아이를 키우는 것도 힘든 일이지만, 거기에는 '아주 사랑스럽다.' 라는 애정, 성장을 지켜보는 기쁨이 있습니다.

그렇기 때문에 힘을 낼 수가 있는 것입니다. 그런 기쁨을 버린다면 인간은 인간답게 살아갈 수 없게 됩니다.

( 인생 속에는 아주 작은 기쁨이라도 있기 때문에 힘을 낼 수가 있는 것이다.

## 5
# 화는 우리의 생명을 위협한다

'화는 본능이기 때문에 어쩔 수 없다.' 라고 치부하는 것은 대단히 위험한 발상입니다. 그것은 '뭐, 어때.' 라며 노력하지 않고 태만한 것입니다. 그런 상태를 불교용어로 '방만(放漫)' 이라고 합니다.

'화는 감정이어서, 본능이어서 어쩔 수 없다.' 라고 내버려두면 어떻게 될까요?

그 결과는 명명백백합니다. 지금의 세상이 바로 그런 상태입니다. 지금 세계에서는 모두가 태만하고 많은 소중한 것을 방치하고 있습니다.

지금 우리들의 생명은 위험에 직면해 있습니다. 먹는 음식이 안전한지, 숨 쉬고 있는 공기가 오염되어 있지않은지, 마시고 있는 물은 정말로 안전한지, 자신 있게 말할 수 있습니까? 지금은 태양에 노출되는 것조차 무서운 시대입니다. 그렇게 생각하면 앞으로도 살아갈 수 있을지 불안해집니다.

파괴적인 행동을 하는 사람도 많기 때문에 언제 어디에서 전쟁이 일어날지 알 수가 없습니다. 지금 이 순간에도 인간은 무기를 만들어내고 있습니다. 지구 재산의 대부분은 사람을 죽이는 무기 개발에 사용되고 있는 것입니다.

그런 무기를 사용하기 시작하면 인류는 절망입니다. 사용하려고 하지 않아도 인간이 만드는 기계가 완벽하게 안전하다는 건 불가능합니다. 따라서 그런 물건이 존재한다는 것만으로 인류는 커다란 위험에 직면하고 있는 것입니다.

지금 대부분의 무기는 원격 제어 시스템으로 조종되고 있습니다. 이쪽에서 전파신호를 보내는 것만으로 폭탄이나 미사일이 자동으로 발사되어 버립니다. 세상은 전파로 넘쳐나기 때문에 만약 그런 기계가 전파를 받아서 자동으로 발사되기라도 한다면 어떻게 될까요?

'자동으로 폭발하다니 절대로 있을 수 없는 일이다.', '우리나라의 원자력은 세계에서 가장 안전수준이 높아서 안전하다.' 이런 논리는 새빨간 거짓말입니다. 인간이 하는 일은 허점투성이입니다. 이것을 인정하지 않는 사람이 하는 일이란 더욱 위험합니다. 믿는 도끼에 발등 찍힌다는 말이 있습니다.

이처럼 우리들은 아무런 위기감도 없이 파괴의 도구를 만들거나 파괴적인 사고를 가집니다. 그래서 우리들은 '화는 감정이기 때문에 어쩔 수 없다.' 라고 방치할 수 없는 것입니다.

( '화는 본능이기 때문에 어쩔 수 없다.' 라고 치부하는 것은 대단히 위험한 발상이다.

## 6
# '옳은 화' 란 존재하지 않는다

화를 내버려두는 것은 우리들 한 사람 한 사람의 생명과 관련되는 것입니다.

화를 조절하지 않으면 어느 누구도 행복해질 수 없습니다. 스스로 마음을 굳게 먹고 화가 생기지 않도록 성격을 조절해야만 합니다.

이때 주의해야 할 것은, 화가 생기지 않도록 한다는 것은 '화와 싸운다는 것' 이 아니라는 겁니다. 화와 싸우려고 하는 감정 자체도 '화' 이자 좋지 않은 것이기 때문에 '어떻게든지 화를 내지 않는 인격으로 키우자.' 라는 것을 뜻합니다.

정의의 편이 되기 위해서는 악당을 무찌르지 않으면안 됩니다. 그럼 사람을 쓰러트리거나 죽이기 위해 필요한 것이 '화' 인 것입니다.

이것은 '정의의 편' 이라는 가면 아래에서 우리들은 '화' 를 정당화하고 있는 것입니다. 정의의 편은 '악당을 무찌르자.' 라며 굳이 적을 찾아나서는 것이기 때문에 바람직하지 않은 감정으로 가득 차게 됩니다.

정의의 편이라는 말까지 하지 않아도 '누군가와 싸우자.' 라는 감정이 강한 사람은 스트레스가 심하고 여러 가지 문제를 일으킵니다.

본래 즐거워야 할 공부도 '시험에서 좋은 점수를 얻고 싶다.', '수험전쟁에서 이기고 싶다.', '라이벌을 능가하고 싶다.'는 기분이 들기 시작하면 거기에 존재하는 것은 화입니다.

왜 싸우는 걸까요? 싸워서 잘 풀리지도 않을 뿐더러 괴로워질 뿐인데.

'악에 대항해서 싸우자.', '정의의 편에 서자.' 라는 것은 불교의 사상이 아닙니다.

'올바른 화' 라는 건 불교에서는 존재하지 않습니다. 어떤 화라도 정당화할 수는 없습니다.

우리들은 종종 '화내는 것은 당연한 것이다.' 라고 말하지만 그건 전혀 당연한 일이 아닙니다.

( 화를 조절하지 않으면 어느 누구도 행복해질 수 없다.

## 7
# '죽여도 좋다'

에피소드 하나를 소개하겠습니다.

대승불교에서는 '발심(發心), 보살(菩薩)의 마음(心)' 이라는 사상이 있습니다.

'보살' 을 '깨달음을 얻은 자, 스스로 구함으로써 타인을 구하려 노력하는 자.' 라고 합니다. 이것은 현대식으로 말하면 '정의의 편' 입니다.

여기서 보살이 진지하게 자신의 서약을 실행하는 것을 상상해 보십시오.

보살은 먼저 '그럼 내가 악당들을 무찌른다면 어떤가. 나쁜 일만 저지르는 악당들은 세상에 피해만 주기 때문에 모두를 위해 죽이면 어떨까.' 라고 생각합니다.

그러나 바로 다시 생각을 고쳐먹습니다.

'나는 얼마나 사람을 죽여야 할까. 얼마나 죽이면 이 세상에서 악당들이 사라지게 될까. 만약 모든 생명을 죽이지 않으면 안 되지 않을까. 만약 그렇다면 그런 일을 하는 것보다 그 악당들을 무찌르고 싶다, 죽이고 싶다라는 마음을 고쳐먹는 편이 빠르지 않을까.'

여기서 말하고 있는 것을 생각해 보겠습니다.

인간은 누구나 마음속 어딘가에 '저 사람은 악당이기 때문에 죽어도 당연하다.' 라는 생각을 가지고 있다는 점입니다.

그렇지만 '악당은 모두 죽어서 당연하다.' 라는 논리대로라면 사람을 얼마나 죽여야 할까요? 결국 그것은 인류 전체를 파괴하는 것이 아닐까요?

그럼 반대로 완벽한 선인은 얼마나 있을까요. 이 또한 없습니다.

따라서 조금만 생각하면 '완벽한 선인이기 때문에 괜찮다.거나 반대로 당신은 나쁜 짓을 한 악당이기 때문에 죽어도 괜찮다.' 라는 것이 얼마나 억측인지 알 수 있을 것입니다.

부정한 행동을 한 정치가를 '정치가로 어울리지 않다.' 라고 단정하고 국외로 추방해 보십시오. 그러면 반드시 정치가는 한 사람도 남아나질 않을 것입니다.

현실의 세상은 그런 것입니다.

( 인간은 누구나 마음속 어딘가에 '저 사람은 악당이기 때문에 죽어도 당연하다.' 라는 생각을 지니고 있다.

8

# 끝없이 용서하라

예수 그리스도와도 닮은 유명한 에피소드가 있습니다.

'불륜을 범한 여자는 돌로 쳐 죽인다' 는 유대교의 형률에 따라 사람들이 불륜을 저지른 여자를 붙잡았을 때의 일입니다.

사람들은 그 여자를 기둥에 묶고 돌을 던져서 죽이려고 했습니다. 불륜을 저지른 여자는 처형한다고 정해져 있었던 것입니다.

그곳에 예수가 나타나서 '당신들은 무엇을 하려고 하는가.' 라고 물었습니다.

'이 여자는 불륜을 저질러 남편을 배신했다. 그래서 우리들이 신의 가르침에 따라 돌로 쳐 죽이려는 것이다.' 라고 사람들은 말했습니다.

그러자 예수는 '잘 알았다. 그럼 제일 먼저 아무런 죄도 범하지 않은 사람부터 돌을 던지라.' 라고 말하고 가버렸습니다.

그 말을 들은 순간 아무도 돌을 던질 수 없게 되어버렸습니다. 그래서 그 여자의 생명은 구원된 것입니다.

이 예수의 말은 진리입니다. '나쁜 짓을 범했기 때문에 그 사람에게 죄를 가하는 게 당연하다.' 라는 생각은 정말로 이상한 것입니다. '죽여도 좋다' 라는 판단기준은 어디에도 존재하지 않기 때문입니다.

여기서 예수가 말하고 있는 것은 '용서하라.' 라는 것입니다. 어디까지 용서할 것인가라는 범위는 바로 '어디까지나' 입니다. 용서에는 한계가 없는 것입니다. '그 생각은 틀림없이 바른 것이며, 그러므로 행복을 얻을 수 있습니다. 신의 세계가 자신에게 구현된다.' 라고 말하고 있습니다. '신의 세계' 는 '행복의 상태' 일 것입니다.

분명히 '사람이 무엇을 하려고 해도, 어떻게 되든지, 나는 그 사람을 용서합니다. 그 사람을 거절하지 않고, 애정을 가집니다.' 라고 모든 것을 용서하는 마음이 된다면 그 사람의 마음은 애정과 행복으로 가득 차게 됩니다.

그 상태를 기독교에서는 '신' 이라고 부르며, 다른 종교에서는 다른 말로 표현하고 있습니다. 그 단어 자체는 그다지 의미를 갖지 않습니다. 중요한 것은 '용서한다.' 라는 행위입니다. 또 사람의 감정을 신격화하지 않는 불교는 단순히 '자비, 용서한다.' 라는 말을 사용합니다.

( 모든 것을 용서하는 마음이 된다면 그 사람의 마음은 애정과 행복으로 가득 차게 된다.

9

# 화는 자신을 불태우는 '불꽃'

화는 우리들에게 많은 악영향을 미칩니다.

'화를 내면 불행해진다.' 라는 것은 설명을 했습니다. 그것을 인식하는 것은 간단합니다.

화를 내고 있으면 기분이 나빠집니다. 따분할 때 기분은 어떻습니까? 최악일 것입니다. 마음에 화가 있으면 인간은 불행한 것입니다.

반대로 생기에 넘쳐 있을 때 마음은 어떻습니까? 밝고 가볍고 대단히 기분이 좋을 것입니다. 그것을 우리들은 행복이라고 부르는 것입니다.

또 감정은 창조하거나, 무언가를 만들거나, 키우는 긍정적인 에너지이지만, 화는 거부하거나, 버리거나, 파괴하는 부정적인 에너지입니다. 그리고 그 화는 어디에서 생기는가 하면 자신의 몸속에서입니다. 그래서 화가 생기는 것과 동시에 화는 자신을 파괴하기 시작하는 것입니다.

파괴하기 위해 필요한 것은 일반적으로 말하면 '불(火)' 입니다. 이것을 잘 알 수 있는 것이 힌두교입니다. 힌두교의 시바 신은 파괴를 관장하는 신으로, 힌두 신을 칭송할 때에는 불을 태우면서 다양한 종교의식과 의례를 행합니다. 여러분도 텔레비전에서 본 적이 있을 것입니다. 시바 신에게 제사하기 위해 성스러운 불을 피우거나, 그 불에 '신이여, 받아주소서.' 하고 음식을 바치거나 하는 것입니다.

불교에서도 화를 불에 비유하고 있습니다.

자신의 몸에 불을 피우면 손대는 모든 것에 불을 붙여서 파괴할 수가 있습니다.

하지만 그 후에는 무슨 일이 일어납니까? 먼저 자신이 불타버립니다. 그것으로 알 수 있듯 화에는 무언가를 파괴하는 힘이 있습니다. 그 무엇보다 앞서 파괴되는 것은 자기 자신인 것입니다.

성냥도 마찬가지입니다. '쓰레기를 태우자.' 라고 생각하고 성냥으로 불을 붙이면 제일 먼저 불타는 것은 성냥입니다.

'성냥은 중요한 것이기 때문에 불태우고 싶지 않다. 하지만 쓰레기는 불태우고 싶다.' 라는 바람은 절대로 이루어질 수 없는 것입니다.

(감정은 창조하거나, 무언가를 만들거나, 키우는 긍정적인 에너지이지만, 화는 거부하거나, 버리거나, 파괴하는 부정적인 에너지이다.

10

# '화'는 깨닫지 못하는 사이에 몸을 파괴한다

화라는 것은 자신을 스스로 화염에 휩싸이게 하는 것입니다. 이윽고 세포가 파괴되고 잿더미로 부서져 내립니다. 시험 삼아 야채나 꽃을 약한 불에 쪼여 보십시오. 싱그러운 야채를 햇볕 좋은 양지에 놓고서 태양이 비추도록 하는 것만으로도 좋습니다. 한 시간, 두 시간, 세 시간 놓아두면 어떻게 될까요? 말라서 시들어져 버릴 것입니다. 그 변화는 불에 쪼이면 더 심해질 것입니다. 우리들 몸속에도 그와 같은 일이 일어나고 있는 것입니다.

물론 화를 낸 순간 손이 심하게 아파오고, 발이 아파서 움직일 수 없거나, 배가 심하게 아파서 죽을 것 같은일이 생기면 누구라도 화를 내지 않을 것입니다. 화에는 그러한 신호가 없기 때문에 무서운 것입니다.

특히 뇌세포가 많은 호르몬을 분비하고 있는 장소에는 보이지 않는 작은 기관이 많이 있습니다. 너무 작아서 금방 느끼지 못하지만 화는 자신의 내장과 호르몬 관계의 모든 기관을 불태워 버리는 것입니다.

가장 먼저 영향을 받는 것은 심장이나 폐, 간장 같은 내장입니다. 내장은 24시간 쉬지 않고 일을 하고 있습니다. 그 세포가 화로 인해 빨리 노화되어 버려서 자기 자신이 모르는 사이에 서서히 병들어 가는 것입니다. 여기저기가 아파오고, 위궤양에 걸리거나 암에 걸리거나, 불치병에 걸리는 것입니다. 화를 잘 내는 불만투성이의 사람은 병에 걸리기 쉽고 타인보다 먼저 늙어버립니다.

빨리 피곤해지고, 잠들지 못하고, 고민을 많이 하는 사람은 마음에도 문제가 있다고 보아야 합니다. 그런 사람은 화내는 성격을 지니고 있는 것입니다.

화를 잘 내고 불만투성이의 사람은 병에 걸리기 쉽고 타인보다 먼저 늙어버린다.

11

# 병이 빨리 낫는 사람과 낫지 않는 사람

화를 얕보면 안 됩니다. 화가 생기는 순간 몸에는 맹독이 들어옵니다. 설령 아주 조금이라도 화를 내는 것은 몸에 좋지 않다는 것을 분명하게 기억해 두십시오. 화는 제일 먼저 자신을 갉아먹습니다. 정말로 몸이 병에 걸리게 됩니다.

쾌활하고 명랑한 사람이 심각한 병에 걸렸다는 이야기는 들어본 적이 없습니다. 그런 사람은 설사 병에 걸려도 의사와 금방 친구가 되어서 치료효과도 높아지기 때문에 금방 치유됩니다. 입원한 사람이 명랑한 사람이라면 간호사들도 즐거워지고 친절하게 간호해 주며, 모두가 빨리 쾌유하기를 기원해 주기 때문입니다.

반대로 모두에게 미움을 받는 것은 불평만 부리는 환자일 것입니다. 간호사가 '시끄러운 환자가 또 비상벨을 누르고 있다.'고 생각하고 마지못해 가보면 이불을 덮어 달라거나 투정을 부리거나 물잔을 달라고 심술을 부리는 것입니다. 이렇게 사소한 일로 비상벨을 눌러 부르면 간호사들이 일을 제대로 할 수가 없습니다. 그런데 환자는 '부르면 와야 하는 게 간호사의 일이다.' 라며 거만한 태도를 보입니다.

이런 식이라면 병이 나을 수 있을까요? 낫기는커녕 오랫동안 병으로 괴로워할 것입니다. 병이 낫지 않으니 병원생활도 길어지고 그럴수록 모두에게 미움을 받습니다. 의사도 간호사도 '이 환자에게서 빨리 도망가자.' 라는 심경으로 치료하기 때문에 환자와 마음이 통할 리가 없습니다. 이렇게 몸 상태도 점점 더 나빠지고 자기 자신이 괴로워지게 되어버리는 것입니다.

(화는 제일 먼저 자신을 갉아먹는다. 정말로 몸이 병에 걸리게 된다.

12

# 화내는 사람은 '행복 도둑'

화를 내는 사람만 불행해지거나 죽는다면 '자기 멋대로 화내서 불행해지거나 죽어도 상관없습니다.' 라고 말할 수 있지만, 그렇지가 않습니다. 화를 내는 사람들은 주위의 사람들에게 수많은 폐를 끼치고 있습니다. 인간은 행복을 위해서 필사적으로 노력하는데 이런 사람들이 모두의 행복을 한순간에 빼앗아 버리는 행복도둑입니다.

도둑이라도 물건을 훔치기만 한다면 그다지 신경을 쓰지 않아도 됩니다. 누군가가 자신이 먹으려고 하는 밥을 먹었다고 해봅시다. 그 정도로는 그다지 화도 나지 않고, 만약 먹은 사람이 '정말로 맛있었다.' 라고 말한다면 억울함도 덜할 것입니다.

자신이 만들어 먹으려고 하던 음식을 누군가에게 빼앗긴 경우도 대체로 똑같습니다. 칭찬받고 사의를 받는 행복을 대신 얻었기 때문입니다. 따라서 그런 약탈 방식은 그다지 신경을 쓰지 않아도 좋습니다. 도둑이지만 행복까지 빼앗지 않았기 때문입니다.

그런데 화내는 사람은 우리들의 생명에서 가장 소중한 '인간의 삶의 보람' 을 빼앗아 갑니다. 타인의 돈을 훔치는 도둑이라면 타인의 돈으로 자신이 즐거워지고 싶은 마음인 것입니다. 그럼 타인의 행복과 삶의 보람을 훔치는 '화 도둑' 은 타인에게서 빼앗은 것으로 행복해지는 것이 아닙니다. 자신이 화를 내서 괴로워지는 것입니다. 타인의 행복까지 파괴하고 타인까지 끌어들이는 것입니다. 그렇기 때문에 화를 내는 것은 도둑 중에서도 가장 나쁜 도둑입니다.

( 화를 내는 사람은 우리들의 생명에서 가장 소중한 '인간의 삶의 보람' 을 빼앗아 간다.

13

# 화는 금방 전염된다

인간은 자신의 감정을 금방 타인의 감정과 동일화합니다. 인간은 약한 존재로 금방 주위의 영향을 받습니다.

예를 들어 아이가 무언가 가지고 싶은 것이 있지만 사주지 않자 엄마와 싸우고 서럽게 울고 있는 장면에서 무언가 한 마디 재미있는 말을 해보십시오. 아이는 아무 일도 없었다는 듯 울음을 멈추고 이내 웃습니다. 그리고 자신이 울고 있었다는 사실도 잊어버립니다.

그런 일은 아이뿐만 아니라 누구에게라도 있을 수 있는 일입니다. 만약 집에 돌아와서 아내와 싸움을 했다면 바로 어딘가 둘이서 재미있게 보낼 수 있는 레스토랑이나 서점 또는 영화관에 가보십시오. 그러면 집에서는 심하게 화를 내고 있었는데 밖에 나간 순간 무슨 일이 있었냐는 듯 화가 싹 사라져버릴 것입니다. 즉 우리들의 감정은 언제라도 환경에 의해 커다란 영향을 받고 있다는 것입니다.

모두가 즐겁게 놀고 있는 곳에 심하게 화를 내고 있는 사람을 들여보내 보십시오. 어떤 일이 일어날까요? 모두의 즐거움은 한순간에 사라져버릴 것입니다. 예를 들어 무도회장에서 젊은이들이 춤을 추고 있다고 가정해 봅니다. 그곳에 갑자기 조직폭력배가 들어와서 '야, 뭐 하고 있는 거야.' 라고 호통을 치면 어떻게 되겠습니까? 많은 사람의 기쁨이 한순간에 싹 사라져버릴 것입니다.

'화' 에 대해 심각하게 생각한다면 이것을 확실하게 이해하길 바랍니다. 화를 낸 사람에게서는 강렬한 방사능과 같은 파동이 몸에서 나옵니다. 자신뿐만 아니라 사람들의 행복을 빼앗고 사회의 행복까지 파괴해 버리는 것입니다.

( 우리들의 감정은 언제라도 환경에 의해 커다란 영향을 받고 있다.

14

# 지배자는 위험한 인종

예를 들어 한 나라의 정치를 하고 있는 사람들이 어떤 계기로 화를 내면 전쟁이 일어나는 경우가 드물지 않게 일어납니다. 그렇게 되면 아무런 죄도 화도 없는 국민이 전쟁에 내몰려서 죽을 수밖에 없습니다. 세계의 역사를 보더라도 그런 어리석은 사람들이 종종 등장합니다.

원래 '정치를 하고 싶다.', '왕이 되고 싶다.', '독재자가 되고 싶다.' 라고 생각하고 타인을 지배하려고 하는 것은 어리석은 사람뿐입니다. 지혜로운 사람은 '그런 일은 시시해.' 라며 하지 않습니다. 그래서 예전부터 현재까지 세상을 지배하고 있는 사람은 절대로 지혜로운 사람도 아니고 천재도 아닌 그다지 선하지 않은 사람들입니다.

그런 사람들은 언제 머리가 돌아버리든지 화를 폭발시킬지 모르기 때문에 대단히 위험합니다. 따라서 지배자도 관리하지 않으면 안 됩니다. 예를 들어 미국에는 대통령을 컨트롤하는 사람들이 많이 있습니다. '대통령이 자신의 의지로 무언가를 판단해 버리면 큰일이 난다.' 라고 생각해서 안전장치를 깔아놓고 있는 것입니다. 주위에는 항상 지혜로운 사람과 많은 사람들이 있어서 '이럴 때에는 이렇게 합시다.' 라고 조언을 하고 있습니다. 대통령이 연설할 때에는 주위사람이 연설문을 하나씩 써주고 본인은 잘난 체 읽을 뿐입니다. 그 정도로 컨트롤하지 않으면 무슨 일을 저지를지 모릅니다.

화는 자신을 파괴하고 자연을 파괴하고 결국엔 타인의 행복까지 빼앗아 버립니다. 그래서 자신에게 약해져서는 안 됩니다. 우리들은 화를 어떻게든 조정하려고 노력해야만 합니다. '화를 내지 않는 것' 은 개인의 과제이자 모든 생명체들로부터의 요청이기도 합니다.

( 화는 자신을 파괴하고 자연을 파괴하고 결국엔 타인의 행복까지 빼앗아 버린다.

15

# 상대를 쓰러트리기 전에 자신이 파괴된다

《법구경》에 '우리는 이 세상에서 죽는 존재이다라는 사실을 다른 사람(현자가 아닌 사람)은 모른다. 현명한 사람은 이것을 잘 알고 있기 때문에 싸움을 하지 않는다.' 라는 말이 있습니다.

왜 세상에 싸움이 있는가 하면 싸우는 사람들은 '싸우면 언젠가 자기 자신이 파괴되고 죽는다.' 라는 사실을 모르고 있기 때문입니다. 자신의 어딘가가 파괴된 것도 깨닫지 못하고 '나는 상대를 쓰러트렸다.' 라고 커다란 오해를 하고 있는 것입니다.

예를 들어 '다른 사람들은 저 사람이 무서워서 아무것도 말하지 못하지만 내가 따끔하게 말해 줬다. 그래서 저 사람도 나를 화나게 하면 안 된다는 것을 알았을 것이다.' 라는 식으로 말입니다.

그렇지만 그것은 스스로에 대한 속임수입니다. 만약 화를 내서 누군가에게 무슨 말을 하면 처음에 자신의 마음을 파괴하고 아주 불행한 느낌을 맛보게 될 것입니다. 화를 내는 사람에게는 그 관찰력이 없습니다. '화라는 것은 먼저 자기 자신을 파괴해 버린다.' 라는 것을 분명히 이해하면 인간은 무슨 일이 있어도 화를 내지 않게 됩니다. 아무리 끔찍한 상황에 직면하더라도, 아무리 혹독한 일을 맡게 되더라도 화를 내지 않습니다. 화를 내면 자신을 상처 입게 만드는 것입니다.

화를 내는 것은 스스로 독배를 마시는 것과 같은 것입니다. 일부러 스스로 독배를 마실 필요는 없습니다. 그렇기 때문에 화를 고치기 위해서 먼저 필요한 것은 '화를 내면 스스로를 파괴해 버린다.' 라고 이해하는 것입니다.

> '화라는 것은 먼저 자기 자신을 파괴해 버린다.' 라는 것을 분명히 이해하면 인간은 무슨 일이 있어도 화를 내지 않게 된다.

16

# '화를 잘 내는 사람은 머리가 나쁘다'

세상에서 화를 잘 내는 사람만큼 머리 나쁜 사람은 없습니다. 농담이 아닙니다. 이것은 객관적인 사실이자 진리입니다. 화를 내는 사람은 정말로 부끄러울 정도로 머리가 나쁩니다.

화를 내고 있을 때 자신의 마음을 관찰해 보십시오. 그때는 지혜나 명랑함, 적절한 판단도 할 수 없습니다. 그 상태는 이미 인간도 동물도 아닌 동물 이하의 상태입니다.

지능과 능력, 재능 있는 보통의 인간이 되고 싶다면 절대로 화를 내서는 안 됩니다.

마음의 감정이라는 것은 물결과 같은 것으로 언제나 부침(浮沈)을 거듭하지만, 지금까지의 생활을 되돌아보면 머리가 가장 맑고 사물에 대해 확실히 파악하고 행동하던 때는 화를 내지 않았던 때였을 것입니다.

먼저 '화내는 건 바보나 하는 짓이다.' 라고 자신에게 자주 들려주십시오.

'화내는 건 전적으로 무지한 사람이다.' 라고 머릿속에 각인시키십시오. 화를 내고 있는 자신을 깨달으면 '나는 합리적이지 못한 바보로 아무것도 이해하지 못하는 무지한 인간이기 때문에 화를 내고 있다.' 라고 엄숙하게 자신에게 말하지 않으면 안 됩니다.

아이가 나쁜 일을 했더라도 왜 그랬는지 분명하게 파악하고 어떻게 해야 고칠 수 있는지 알고 있다면 화가 나지 않을 것입니다. 실망도 하지 않고 화도 나지 않고 냉정함을 유지할 수 있는 것입니다. 지혜가 샘솟을 때에는 화를 내지 않는 것입니다.

머리가 가장 맑고 사물에 대해 확실히 파악하고 행동하던 때는 화를 내지 않았던 때이다.

17

# 화가 화를 부른다

화를 낼 때 우리들은 순식간에 무지한 인간이 되어버립니다. 화를 내면 낼수록 우리들은 자신의 무지를 자극해서 점점 더 바보가 되어갑니다.

그럼 화를 내는 횟수가 늘어갈수록 어떻게 될까요?

모두가 알고 있듯이 마음에는 무언가를 반복하면 그것을 믿어버리는 법칙이 있습니다.

'이건 좋다.', '이것은 좋다.' 라는 정보가 계속해서 반복적으로 들어오면 모두가 '좋다.' 라고 곧 믿어버립니다. '이 음식은 맛있다, 맛있다.' 라고 반복해서 듣고 그것을 먹으면 맛있게 느껴지는 것입니다.

마음이라는 것은 같은 것을 반복해서 들으면 의외로쉽게 그대로 믿어버립니다. 그래서 인간은 계속해서 서로 암시를 걸거나 마인드 컨트롤을 해서 자신의 사정에 유리한 방향으로 사물을 진행시키려고 하는 것입니다. 그 결과 터무니없는 세계를 만들어내기도 하지만 말입니다.

화도 똑같아서 화를 내는 횟수가 늘어날수록 그 사람은 화 그 자체가 되어버립니다. 그것은 이미 인간이 아닌 단지 '고깃덩어리'가 움직이고 있는 상태입니다. 고깃덩어리는 도깨비처럼 무서운 것입니다. 한밤중에 혼자 있을 때 외눈에다 얼굴에서는 피가 흐르고 송곳니가 날카로운 도깨비가 나온다면 무서울 것입니다. 보고 싶지 않을 것입니다. 그렇지만 도깨비는 단순한 환영에 불과합니다. 하지만 눈앞에 인간성을 상실한 화로 가득 찬 고깃덩어리가 활보하거나 말을 하고 있는 것은 정말로 무서운 일입니다.

( 화를 내는 횟수가 늘어날수록 그 사람은 화 그 자체가 되어버린다.

18

# 화내는 사람은 동물보다 못하다

화를 내는 사람이 되는 것은 이미 인간이기를 포기한 것입니다. 그 뒤에는 아무런 성장이나 발전을 기대할 수 없습니다. 생명체의 수준에 빗댄다면 동물보다 훨씬 아래입니다.

왜 그런지를 설명해 보겠습니다.

동물은 줄곧 서로의 기분을 가늠하면서 공동생활을 하고 있습니다. 동물의 세계에서는 제멋대로 행동할 수 없습니다. 상대의 기분을 항상 민감하게 헤아리지 못하면 생존할 수 없습니다. 동물도 화를 내지만 인간의 화와는 다릅니다.

예를 들어 개들이 서로 화를 내는 것은 개의 세계의 도덕을 어겼기 때문이지 다른 이유로 화를 낸 것이 아닙니다. 원숭이의 세계에서도 마찬가지입니다. 규율을 어기면 몰매를 당하거나 죽임을 당할 정도로 물리기도 합니다. 죽지는 않지만 운이 나쁘게 깊은 상처를 입으면 죽을 가능성도 있습니다.

그렇게 자신의 생명에 직결되는 만큼 동물은 항상 서로 배려하고 서로의 기분을 가능하면 이해하려고 신경 쓰며 생활하고 있습니다. 그래서 화를 내는 사람은 동물의 수준보다 훨씬 밑에 있다는 것입니다.

이기심을 버리고 화를 내지 않는 사람은 예외 없이 진정한 행복을 얻을 수 있습니다.

( 이기심을 버리고 화를 내지 않는 사람은 예외 없이 진정한 행복을 얻을 수 있다.

3장

# 화를 내지 않는 사람

|

## 가장 무서운 벌 '무시하기'

불교 신자들의 경우 절에서 나쁜 짓을 한 사람을 어떻게 할까요? 물론 때리거나 꾸짖거나 하지 않습니다. 화를 내며 '왜 당신은 그런 일을 했는가.', '모두들 이런 행동을 해서는 안 된다.' 고 꾸짖으면 자신도 '화' 라는 죄를 범하는 것이 되기 때문입니다.

자주 쓰는 방법은 완전히 무시하는 것입니다. 무엇을 말하든지 무엇을 하든지 모른 체해서 소외시키는 것입니다. 물리적으로 소외시키는 것이 아닙니다. 식사도 함께 합니다. 인간이기 때문에 그런 것은 확실하게 차려주고 혹시 병이라도 나면 정성껏 보살펴줍니다. 하지만 함께 생활하는 사람으로 대하지 않고 무시한다는 것입니다.

그 사람이 말을 해도 완전히 무시하고 '자, 다음 사람은 무슨 말입니까.' 하고 다른 사람의 의견을 듣는 것입니다. 그것은 아주 강력한 효과를 발휘합니다. 자신의 존재를 무시당한 충격이란 보통 사람들에게는 참을 수 없는 일입니다.

무시의 벌을 받는 것은 도덕을 지키지 않는 사람, 모두의 규율과 조화를 지키지 않는 사람, 상대를 괴롭히는 일만 생각해서 제멋대로 행동하는 자기중심적인 사람입니다. 무시하는 쪽은 그 사람에게 '마음껏 하고 싶은 대로 하라.' 고 내버려두지만, 사회와의 조화를 지키지 않는 한 그 사람을 사회의 일원으로 대하는 것은 무리입니다. 함께 생활하지 않는 것으로 간주하는 것입니다. 이 사람은 모두로부터 무시당하고 그 괴로움을 절실히 느끼게 됩니다. 이 무시하는 벌은 본인이 자신의 잘못된 방식을 고치고 사죄할 때까지 계속됩니다.

( 나쁜 짓을 한 사람에게 벌을 주는 방법은 그 사람을 완전히 무시하는 것이다.

## 2
## 진짜 '무시하기'의 어려움

보통 사람이 하는 무시는 불교적인 무시라고 할 수 없습니다.

예를 들어 부부가 일주일간 말을 하지 않는 경우가 있을 것입니다. 그때는 서로 괴로울 것입니다.

왜냐하면 사실은 말을 하고 싶고 상대가 신경에 쓰이기 때문입니다.

이때 서로 '멋대로 해라.' 라는 상태이지만 말은 나누지 않아도 강한 감정의 교류가 있기 때문에 무시당하고 있다는 느낌이 들지 않습니다.

일반적인 무시라는 것은 그 사람이 말하는 것을 무시하고 듣지 않는 것입니다. 무시하는 쪽은 마음속에서 여러 가지 감정이 소용돌이치고, 그것을 억누르고 있기 때문에 무시하는 게 아닌 것입니다.

불교적인 무시는 부부가 서로를 무시하는, 이른바 부부싸움과 같은 것과 전혀 다릅니다. 그와 같은 감정적인 무시가 아닌 그 사람이 행동을 개선할 수 있는지 어떤지를 조용히 응시하면서 마치 상대가 그 자리에 없는 것처럼 행동하는 것이 진정한 무시입니다. 그렇게 자신이 존재하지 않아도 전혀 관계가 없다는 식으로 개의치 않고 즐겁게 행동하는 것을 보면 상대는 대단히 고통스럽습니다.

무시하는 행동으로 인해 자신이 손해를 봐서는 안 됩니다.

'당신은 나에게 손해를 줬다. 그래서 나는 그것을 무시한다. 그래서 나는 행복하다.' 라는 것을 보여주는 것입니다.

조금이라도 '말을 하지 않는 게 외롭다.' 라거나 '역시 말을 하는 편이 좋다.' 라고 생각하지 말아야 합니다. 어느 한 편이 웃으면서 당당하고 즐겁게 생활하면 상대는 '역시 내가 잘못한 것일지도 모른다. 사과해야 한다.' 라고 다시 생각하게 됩니다.

( 불교적인 무시는 부부가 서로를 무시하는, 감정적인 무시가 아닌 그 사람이 행동을 개선할 수 있는지 어떤지를 조용히 응시하면서 마치 상대가 그 자리에 없는 것처럼 행동하는 것이다.

3

# 석가를 곤혹스럽게 한 마부

석가는 출가하기 전 한 나라의 왕자였는데, 그에게는 찬나라는 이름을 가진 마부가 있었습니다. 상류사회였기 때문에 찬나도 대신과 같은 레벨의 사람이었습니다. 마차가 필요할 때는 언제라도 말을 몰아서 왕자인 석가를 여기저기 태우고 다녔습니다.

찬나도 석가를 아주 소중히 여기고 정성스레 돌보아줬습니다. 석가는 출가했을 때 찬나만을 대동했습니다. 그때는 마차가 아닌 말을 타고 갔는데, 언제나 자신의 곁에서 돌봐주고 무엇보다도 사이가 좋았기 때문에 같이 있고 싶었던 것입니다. 특히 출가하고 나서 석가는 그에게 모든 것을 맡기고 '내 왕관과 보석, 의장들을 집으로 돌려보내주고, 내가 출가한 것을 아버님에게 보고해주게.' 라며 여러 가지를 부탁했습니다.

찬나도 후일 출가를 하게 됩니다. 그런데 출가해서 보니 석가 측근들의 자신에 대한 대접이 출가 전과는 전혀 달랐습니다. 예전에는 언제나 석가는 자신과 함께 있었는데 출가한 순간 자신만 아주 먼 곳에 있어야만 되게 된 것입니다. 위대한 아라한(阿羅漢, 완전한 깨달음을 얻은 성자)들이 석가의 곁에 있었고 석가는 그런 사람들에게 여러 가지 것을 말하거나 부탁하고 있는 것이었습니다.

석가가 이전과 같이 '찬나, 이걸 해줘. 저걸 해줘.' 라고 말하지 않으니 찬나는 외로웠습니다. 그렇지만 불교의 출가 세계는 성스러운 세계여서 도덕이 최우선시됩니다. '출생이 어딘지.', '부자인지, 친척인지.' 라는 것들은 관계없고 '마음이 깨끗한지 아닌지.' 라는 것으로 판단되는 세계입니다. 따라서 석가의 곁에는 깨끗하고 깨달음을 얻은 사람들이 있고 찬나를 포함해서 다른 수행을 하는 사람들은 근접할 수 없었던 것입니다.

그러자 찬나는 아주 제멋대로 되어버려서 모두에게 불만을 말하기 시작했습니다.

'당신들은 대체 뭐 하는 사람입니까. 석가가 위대한 사람으로 유명해진 지금에서야 잘난 체하며 곁에 있다니. 어릴 때부터 그분을 돌봐온 것은 누굽니까. 출가했을 때 같이 있었던 건 누굽니까. 그분을 어릴 때부터 돌봐온 것은 바로 나입니다.'

이런 식으로 다른 사람들에게 잘난 체하며 말을 듣지 않게 되었습니다. '출가했다면 이런 삶의 방식을 취해야만 합니다. 이런 방식이 규율입니다.' 라는 말을 들어도 '당신들은 왜 그런 말을 하는 겁니까. 나에게 설교를 하는 겁니까. 그만두십시오.' 라는 식이었습니다. 그러니 수행은커녕 그에게 아무것도 가르쳐줄 수가 없었습니다. 그렇지만 찬나는 석가에게만은 불만을 말하지 않았습니다. 그래서 석가도 직접적으로 아무것도 말하지 않았던 것입니다.

석가의 제자들은 '어떻게 할까요?' 라고 무엇이든 물어오기 때문에 석가는 '자신이 죽으면 장례식은 어떻게 해야 하는지.' 라는 것까지 암시한 후 열반에 드셨습니다. 하지만 한 가지, 석가의 마음속에 남아 있는 것이 있었습니다.

석가는 사람들을 깊게 생각하고 있어서 자신을 돌봐주는 사람들에 대한 감사나 은혜는 모두 기억하고 있었습니다. 당연히 찬나의 일도 마음에 쓰였습니다. 찬나의 석가에 대한 애정이 자신의 생명과 똑같이 생각하고 있다는 것을 알고 있었지만, 찬나의 현재 상태로는 그를 깨달음의 세계로 이끌 수 없기 때문에 크게 걱정하고 있었던 것이었습니다.

불교의 출가 세계는 성스러운 세계여서 도덕이 최우선시 된다. '출생이 어딘지.', '부자인지, 친척인지.' 라는 것은 관계없이 '마음이 깨끗한지 아닌지.' 라는 것으로 판단되는 세계이다.

4

# 석가의 벌 '브라마단다'

석가는 열반에 들기 전에 아난다 존자에게 부탁했습니다.

'찬나, 그 사람은 말도 듣지 않고 제멋대로이고 거만해져서 걱정입니다. 그래서 내가 죽으면 모두 그에게 '브라마단다'를 할 것을 정하시오.' 라고 말했습니다.

'브라마' 라는 것은 '위대한', '성스러운' 이라는 의미입니다. '단다' 는 '벌' 입니다. 즉 '성자가 주는 벌' 이라는 뜻입니다.

물론 성자이니까 사람을 때리거나 하지는 않습니다. '성스러운' 과 '벌' 이라는 말은 정반대의 뜻으로 아난다 존자가 '성스러운 벌은 무엇입니까?' 라고 물어보았습니다.

그러자 석가는 '당신들 승가(僧伽)가 이렇게 정하시오(승가의 규율이란 출가 비구들의 규칙과 관리 등은 비구들 전원일치로 정하는 것입니다. 이 규율은 개인이 마음대로 깰 수 없습니다. 비구 한 명에게 벌을 주는 경우에도 승가의 전원일치로 정하는 것입니다). 승가의 승려들은 누구도 찬나와 말을 하지 말고, 찬나에게 말을 할 자유는 있지만 승가의 어느 누구도 대답을 해서는 안 될 것입니다. 또 이와 같은 벌을 정한 것을 본인에게 정식으로 알려줘야 합니다.' 하고 설명을 했습니다. 이것이 브라마단다입니다.

구체적으로 말하면 같은 동료 중에서 한 사람을 완전히 무시할 것을 정하는 것입니다.

학교에서는 아이들 사이에 누군가를 무시하는 따돌림이 있을 것입니다.

불교는 아이들이 하고 있는 친구를 무시하는 따돌림을 권하는 것이 아닙니다.

불교의 무시는 승가라고 하는 의회제도에서 전원일치로 정식으로 정한 법률적인 벌입니다. 이 경우는 죄를 범한 사람에게 정식으로 '무시하기로 했습니다.' 라고 통고를 합니다.

학교의 아이들은 무시를 학생회에서 정하지는 않습니다. 자기들 마음대로 마음에 들지 않는 사람을 무시하는 것입니다. 이것은 해서는 안 되는 일입니다. 사람을 체포하거나 형벌을 주는 것은 국가가 아닌 개인이나 집단에게 그런 권리는 없습니다. 불교에서 성격이 나쁘고 조화를 지키지 않는 사람에게 무시하는 벌을 준다고 해서 불교신자도 아닌 학교의 학생들, 회사의 사원들에게 그런 권리는 없습니다.

석가가 열반에 드시고 한바탕 큰 소란이 일어난 다음, 어느 정도 잠잠해졌을 때 석가의 말씀을 되새기기 위해 아라한들이 모였습니다.

그 아라한들의 회의에서 '그럼 찬나의 벌을 결정합시다. 석가의 말씀에 따라 찬나를 무시하는 벌을 주기로 합시다.' 라고 정했습니다. 보통 같으면 본인도 불러야 하지만 그 벌을 정하는 회의에는 그를 부르지 않았습니다. 나중에 아난다 존자가 그의 집에 가서 '규율이다.' 라고 알렸습니다. 찬나도 아난다 존자도 어릴 때부터 함께 있었기 때문에 석가가 열반하시고 깊이 슬퍼하고 있었을 것입니다.

'석가는 마지막에 당신의 벌을 정한 것입니다.'

'어떤 벌입니까?'

'브라마단다입니다. 성스러운 벌입니다.'

찬나는 '그게 무엇입니까?' 라고 물었습니다.

'우리들은 오늘부터 당신과는 일절 말을 하지 않겠습니다. 당신이 말하는 것은 이전처럼 자유입니다.' 라고 아난다 존자는 대답했습니다.

그 벌의 얘기를 들은 순간에 찬나는 의식을 잃고 쓰러졌다고 합니다. 이 벌은 그 정도로 강력한 것입니다. 그렇다고 해서 너무 심하기 때문에 조금 덜어준다는 것은 불교에는 없습니다. 찬나는 심한 충격을 받고 어차피 이젠 누구도 자신과 말을 하지 않으니 혼자서 열심히 면상을 시작했습니다. 그리고 시작하자마자 곧바로 깨달았습니다.

깨달음을 얻으면 이젠 완전한 사람이 된 것이기 때문에 모든 벌은 자동적으로 해제됩니다. 그렇지만 역시 도덕을 지키기 때문에 '제가 석가께 많은 죄를 범했기 때문에 승려들에게 이러한 벌을 받았습니다. 앞으로는 자신을 경계하겠으니 부디 용서해 주십시오.' 라고 간청한 것입니다.

비구들은 나중에 회의가 열렸을 때 '찬나가 이렇게 뉘우치고 있으니 승려들이 반대하지 않으면 이젠 벌을 중지하겠습니다.' 라는 결론을 내렸다고 합니다.

> 불교는 아이들이 하고 있는 친구를 무시하는 따돌림을 권하는 것이 아니다. 불교의 무시는 승가라고 하는 의회 제도에서 전원일치로 정식으로 정한 법률적인 벌이다.

## 5
## 스스로 반성하지 않으면 의미가 없다

사회에 대해 심한 짓을 하는 사람이 있으면 우리들이 화를 내지 않는 한 그 사람은 '무서운 사람은 아니다.' 라는 식으로 계속 자신이 하고 싶은 대로 할 것입니다. 이쪽이 화를 내면 '화나게 만들었다.' 고 무서워져서 화를 억제하려고 하기 때문에 화를 내는 것이 어느 정도는 도움이 됩니다. 보통의 법률은 그런 논리 위에서 성립되어져 있는 것입니다.

법률의 경우는 화를 내는 것이 아니라 벌을 주는 것입니다. 사회인으로서의 자유를 일시적으로 제한하는 것입니다. 모두들 상대가 화내는 게 무서워서, 벌로 자유를 제한당하는 게 무섭기 때문에 나쁜 짓을 하지 않도록 자신을 컨트롤해서 법률을 지키고 있는 것입니다.

불교에서는 나쁜 짓을 하는 사람에게 화를 내는 발상은 없습니다.

그렇지만 '화를 내지 않으니까, 모두 자비심을 가지고 있기 때문에.' 라고 생각해서 자신이 하고 싶은 대로 하는 사람에게는 적절한 벌을 줍니다. 이 에피소드의 경우 정해진 벌은 상대를 무시하는 것입니다. '어디 혼자서 해보십시오.' 라고 그 사람을 완전히 무시해 버리는 것입니다.

그것은 자비에 근거해서 상대의 성장을 기대하면서 행하는 것입니다.

불교의 사람을 양성하는 방법은 '거울을 보여준다.' 는 예로 설명되고 있습니다. 잘못을 범한 본인에게 객관적으로 자신을 관찰할 수 있도록 해주는 것입니다. 잘못을 범한 사람은 '거울을 볼 것' 을 명령받지만 출가 비구들은 모두 일상적으로 '거울을 보는' 자기 관찰을 해서 자신의 행동에 잘못이 있는지 조사하는 것입니다. 자신이 한 일은 자신이 반성하지 않으면 의미가 없습니다. 반성의 마음이 되지 않으면 잘못을 고칠 수가 없습니다.

좋은 사람이 되고 싶다고 생각하는 사람들은 자신에게 얼마나 반성의 마음이 있는지 되짚어 보는 게 바람직합니다. 한 마디로 '화를 내지 않도록' 했을 때 무작정 '예, 알겠습니다.' 라고 말하는 단순하고 허약한 성격이 되어서는 아니 되기 때문입니다.

(자신이 한 일은 자신이 반성하지 않으면 의미가 없다.

6

# 자신이 저지른 '나쁜 짓'을 깨우쳐준다

이와 비슷한 염라대왕이 등장하는 이야기가 있습니다. 염라대왕은 사람이 죽으면 지옥에 가는지 천국에 가는지를 판단합니다. 불교 세계에서 염라대왕의 심판법은 서양종교에서 볼 수 있는 '최후의 심판' 이야기와는 다릅니다. '신을 믿지 않았기 때문에 지옥', '신을 믿었으니 천국'이라는 식으로 너무나 간단하게 사람의 생명을 판단하는 일은 하지 않습니다.

그 대신 거울을 보여줍니다. 그 거울에 '자신이 어떻게 살아왔는가.'를 비춰주면 선악은 스스로 판단할 수 있을 것입니다. 그래서 본인이 '좋은 일은 하나도 하지 않았다. 역시 나는 지옥행이다.'라고 자각하고 결정하는 것입니다.

설사 지옥에 가게 되었더라도 염라대왕의 탓은 아닙니다. 염라대왕이 판단해 주지 않아도 본인이 '예, 알겠습니다. 나는 이쪽으로 가겠습니다.'라는 식으로 자신이 판단해서 납득한 후에 그 벌을 받는 것입니다.

여기서 배울 수 있는 것은 '나쁜 짓을 한 사람에게 나쁜 짓으로 되돌려준다.'는 것이 아니라 '자신의 행한 죄에 대한 결과는 스스로 받을 수 있도록 해준다.'는 것입니다. 이 '거울을 보여주는' 방법은 도움이 되기 때문에 기억해 두십시오. 화를 내는 사람이나 자기 자신을 심하게 책망하는 사람이 있으면, 거울을 보여주십시오. 그것은 본인이 다시 되짚어 일어날 수 있는 가장 간단한 방법입니다.

불교에서는 나쁜 짓을 한 사람에게 나쁜 짓으로 되돌려주는 것이 아니라 자신의 행한 죄에 대한 결과는 스스로 받을 수 있도록 해주는 것이다.

# 7
# 갑자기 남에게 얻어맞는다면 어떻게 할 것인가

사리푸타 존자라는 화를 내지 않고, 겸허함으로 아주 유명한 승려가 있었습니다.

석가는 '자신의 오른팔' 이라고 입버릇처럼 말씀했습니다. '여러분에게 확실하게 가르칠 수 있는 것은 부타인 나와 사리푸타 존자 중에 어느 쪽일까요?' 라고 말할 정도로 그를 칭찬했습니다.

사리푸타 존자는 깊은 지혜와 훌륭한 지식을 가지고 있었음에도 누구보다도 겸허했습니다. 너무나 겸허하여 전혀 눈에 띄지 않아서 사람들은 '누가 그 위대한 사리푸타 존자입니까?' 하고 물어볼 정도였습니다.

하루는 한 사람의 바라몬이 사리푸타 존자가 '아주 성격이 좋은 사람이다.' 라는 말을 같은 바라몬의 사람에게서 듣고 '뭐야, 단지 대머리일 뿐이잖아. 저런 대머리를 누가 좋아해.' 하고 험담을 했습니다.

바라몬교는 머리를 깎는 행위를 대단히 혐오스러워했습니다.

'성격이 아주 좋다.'는 것에 대해서도 '그럼 정말로 그 사람이 위대한지 어떤지 확인해 보자. 어차피 사람이기 때문에 어딘가 결점이 있을 것이다.'라며 탁발에 나서는 사리푸타 존자를 뒤따라가서 뒤에서 세게 때렸습니다.

사람은 아무런 이유도 없이 맞으면 어떤 반응을 보이기 마련입니다. 그런데 사리푸타 존자는 뒤돌아보지도 않고 그대로 천천히 걸어갔습니다. 그 바라몬의 사람은 때리고 나서 반응을 기다렸지만 아무런 반응이 없자 뒤따라가 보기로 했습니다.

그러나 존자는 보려고도 하지 않았습니다. 그래서 바라몬은 '이런, 터무니없는 일을 했다. 이 사람은 맞았다는 것조차 신경을 쓰지 않는다. 역시 내가 한 일은 터무니없는 일이었다. 정말로 이 사람은 위대한 사람이다.'라는 생각에 무서워져서 온몸이 떨리기 시작하고 땀을 흘렸습니다.

그는 서둘러 존자의 앞으로 가서 무릎을 꿇고 '제가 몹쓸 짓을 했습니다. 부디 저를 용서해 주십시오.'라고 사죄했습니다.

그러자 '무슨 일 때문에 그러십니까?' 하고 사리푸타 존자가 물었습니다. 그 정도로 '맞았다.'는 일은 머릿속에 없었던 것입니다. '아마도 그때 나를 때린 것은 이 사람이 아닐까.'라는 망상도 없었던 것입니다. 그러자 그는 '그조차도 이 사람의 머리에는 없구나.' 라고 한층 더 무서워졌습니다. '저는 이런 나쁜 짓을 했습니다.' 라고 말하자 존자는 '아, 그렇군. 알았습니다. 저는 전혀 신경 쓰지 않습니다. 용서해 드리겠습니다.' 라고 말했습니다. 결국 그 바라몬 사람은 그것이 인연이 되어 불교신자가 되었습니다.

이것은 우리들에게는 불가능한 일입니다. 완전한 깨달음을 얻은 아라한이 되었다는 것은 '실체=자아' 가 머릿속에 전혀 없다는 것입니다. 순간의 무상함을 완전히 깨달은 지혜로 살고 있는 것이기 때문에 설사 맞았다고 해도 사리푸타 존자에게 그것은 한순간, 물질이 물질에 접촉한 것일 뿐입니다. 그래서 고통이 생겨도, 마음은 아픔을 느끼고 '앗, 아프다.' 라고 하는 것만으로 끝나는 것입니다.

'나는 아프다.' 혹은 '나는 맞았다.' 라고 하는 발상은 무의식 중에도 없습니다. 그래서 그런 태도로 있을 수 있는 것입니다.

( 완전한 깨달음을 얻었다는 것은 '실체=자아' 가 머릿속에 전혀 없다는 것이다.

# 8
# 위대한 사람일수록 겸허하다

우리들도 쓸데없는 자존심은 버리고 겸허해지면 화를 내지 않게 될 것입니다.

어느날 사리푸타 존자는 자신이 입고 있던 옷의 일부가 아주 조금 흐트러져 있었던 것을 몰랐습니다. 그것을 한 사미가 보고 승려의 옷 입는 법은 엄하게 정해져 있었기 때문에 '스님, 그 옷이 좀…….' 하고 말했습니다.

아주 사소한 일이었지만 그런 사소한 일이라도 가르쳐주었다고 해서 존자는 그곳에 앉아서 '아, 대단히 고맙습니다.' 라고 그 사미에게 감사의 말을 했습니다.

존자는 석가의 오른팔입니다. 그에 비해 사미는 동자승이고 아직 승려도 아니었습니다. 존자에게도 사미에게도 전혀 자아가 없기 때문에 그럴 수가 있었던 것입니다. 쓸데없는 자아가 없기 때문에 잘못을 발견하고 지적을 당해서 도움이 되었다, 그

뿐인 것입니다.

우리들에게는 아주 힘든 일이지만, 마음속에 새겨놓으면 좋을 것입니다. 이에 비해 우리들은 '나는 과장인데.' 또는 '나는 남편이니까.' 라며 화를 냅니다. 가만히 두고 볼 수 없을 만큼 추한 자아입니다. 사리푸타 존자의 태도를 기억해 두십시오. 그 정도로 불교도의 세계에서는 모든 생명 중에 가장 위대한 것은 석가입니다. 그리고 두 번째가 사리푸타 존자인 것입니다. 그런 위대한 사람조차도 '옷이 조금 흘러내렸다.' 라는 말을 들은 것만으로도 '가르쳐줘서 정말로 감사합니다.' 라고 말하는 것입니다.

쓸데없는 자아가 없기 때문에 잘못을 발견하고 지적을 당해도 도움이 되었다고 생각하는 것이다.

9

# '체면'은 보기 흉하다

이에 비해 우리들은 어떻습니까? '감히 나한테 그런 말을 하다니 당신, 대체 뭐 하는 사람이야.' 또는 '건방진 소리를 한다.' 라는 태도를 보일 것입니다. 대학에서도 1학년이 3학년이나 4학년에게 어떤 불만을 말하면 선배에게 보복을 당하기도 합니다.

그런 것은 보기 흉합니다. 후배들은 노예취급을 당해도 아무런 말도 할 수 없는 것입니다. 선배들에게 혼이 나거나 맞거나 바보취급당하거나 심부름을 시켜도 묵묵히 선배들의 속옷까지 빨기도 합니다. 만약 후배가 무언가 의견을 얘기하면 '건방진 소리 하지 마라.' 라고 크게 화를 내는 것입니다. 하지만 그렇다고 해서 마음이 즐거운 걸까요? 그다지 즐겁지 않을 것입니다. 선배와 후배라는 입장상의 문제로 모두 고통을 맛보고 있는 것입니다.

그래서 정말로 위대한 사람은 상대에게 '건방진 소리 하지 마라.' 라고 말하지 않습니다. 자신이 잘못을 지적당하면 '예, 알았습니다. 제가 잘못했습니다.' 라고 말할 뿐입니다. 만약 작은 아이가 말했다고 해도 칭찬해 주는 것입니다. 그런 것이 불교에서 말하는 도덕입니다.

학생이 선생님에게 '이런 점이 잘못되었다.' 라고 말하면 '내 입장은 어떻게 되는가.' 또는 '내 체면은 뭐가 되나.' 라고 생각하는 선생님은 처음부터 학생을 가르칠 자격이 없는 사람입니다. '체면' 이라는 말을 사용하는 사람에게는 배울 것이 없습니다. 학생에게 '이것은 잘못입니다.' 라는 말을 들으면 '아, 정말로 그렇군요. 학생은 잘 알고 있군요.' 하고 그 학생을 칭찬해 주는 그런 사람이 훌륭한 사람입니다.

'체면' 이라는 말을 사용하는 사람에게는 배울 것이 없다.

10

# 아인슈타인의 겸허

아인슈타인이 살고 있던 장소를 대학 연구소 사람 이외는 아무도 몰랐다고 하는데 우연히 학교의 선생이 알게 되었습니다. 그리고 어느 날 자신의 반에 있는 수학을 못 하는 여자아이에게 '어째서 넌 공부를 하지 않니. 네 이웃에 수학을 잘하는 사람이 살고 있는데.' 라고 말했습니다.

아이는 물론 그것이 누구를 말하는 것인지 몰랐습니다. 그래서 '그렇군, 옆집 아저씨에게 물어서 숙제를 하면 된다.' 라고 생각하고 옆집으로 찾아갔습니다.

문을 열자 작은 여자아이가 서 있는 것을 본 아인슈타인도 '어서 들어오렴.' 하고 집에 들어오게 했습니다.

그러자 '할아버지, 학교 선생님이 할아버지가 수학을 잘하신다고 말씀하셨어요. 이것 좀 가르쳐주세요.' 라고 부탁했습니다. 아인슈타인은 아주 바빴고 이미 미국의 보물 같은 존재였습니다. 하지만 아이가 물어오는 것을 모두 가르쳐주었습니다.

며칠이 지나고 여자아이의 수학 실력이 늘자 선생님은 신기해서 '수학이 많이 늘었구나.' 라고 칭찬해 주었습니다. 그러자 그 아이는 '선생님이 말씀하셨잖아요. 그 할아버지가 가르쳐주셨어요.' 라고 말하는 것이었습니다.

그 말을 들은 선생님은 깜짝 놀랐습니다. 그리고 그 아이의 부모에게 '큰일났습니다. 저는 그런 뜻으로 말한 게 아닙니다. 그저 옆집에 아인슈타인 박사가 살고 있는 것을 알고 있다고 말하고 싶었을 뿐이었습니다.' 라고 말했습니다. 곤란해진 선생님과 부모는 아인슈타인 박사 집에 사죄하러 갔습니다. 그런데 아인슈타인은 '아니오, 괜찮습니다. 저는 아무것도 가르쳐준 게 없습니다. 반대로 여러 가지를 배웠습니다. 배운 건 제 쪽입니다.' 라고 말했다고 합니다.

역시 위대한 사람은 인간적입니다. 상대성이론을 발견한 사람인만큼 초등학교 아이와는 비교할 수 없을 정도로 지혜가 있을 것입니다. 그런데 '여러 가지를 배웠다.' 라고 말하는 것이었습니다. 정말로 겸허한 사람입니다.

저는 아인슈타인이 거짓말을 하고 있다고는 생각하지 않습니다. 인간적으로 성숙한 사람이기 때문에 아이에게도 여러 가지를 배울 수가 있는 것입니다. 인간적으로 성숙하지 못하면 '뭐야, 초등학생이잖아. 바쁘니까 오지 마라.' 하고 거만한 태도를 보일 것입니다. 그런 사람에게 배울 게 있을까요?

이런 겸허한 태도를 배우는 것으로 우리들도 화를 치유할 수가 있습니다. 따라서 '훌륭한 사람이 되자. 존경받는 사람이 되자. 관대한 성격을 배양하자. 그렇게 되지 못한다 해도 흉내라도 내보면 좋아질 수 있을 것이다.' 라는 생각으로 도전해 보는 건 어떨까요?

( 겸허한 태도를 배우는 것만으로도 우리들은 화를 다스릴 수가 있다.

11

# 화를 없애는 약

'화가 나면 그것을 컨트롤 한다.' 라는 것이 중요합니다. 방법은 '약으로 맹독을 제압하는 것처럼' 입니다. 즉 몸에 화가 생기면 그것을 뱀의 독처럼 생각하고 곧 약으로 제압하는 것입니다. 그 '화를 없애는 약' 은 바로 불교의 수행 세계의 이야기가 됩니다.

다음으로 '어떻게 버릴까.' 하는 설명이 나옵니다. '뱀이 낡은 껍질을 탈피하는 것처럼 화를 탈피하십시오.' 불교에서는 화를 '맹독이다.' 라고 말하고 있습니다. 이것은 현대를 살고 있는 사람이면 누구나 믿을 수 있을 것입니다.

일반적으로 의사들도 '화를 내거나 욕심을 내면 몸에서 나쁜 호르몬이 나와서 몸을 파괴한다.' 라고 주장합니다.

중요한 것은 '화를 죽을 정도로 맹독으로 보아라.' 라고 하는 것입니다.

(화를 내거나 욕심을 내면 몸에서 나쁜 호르몬이 나와서 몸을 파괴한다.

12

# 화를 내지 않는 사람만이 승리자가 될 수 있다

《법구경》에 다음과 같은 말이 있습니다.

'달리는 차를 제지하는 것처럼 끓어오르는 화를 참는 사람, 그를 우리는 '어자(御者)' 라고 부른다. 다른 사람은 그저 고삐를 손에 잡고 있을 뿐이다.'

'사람들은 그저 고삐를 쥐고 있을 뿐이다.' 이것은 어떤 의미일까요.

차는 고장 나면 움직이지 않습니다. 하지만 기술을 가지고 있는 솜씨 좋은 운전기사라면 어떻게든 고장 난 차라도 고쳐서 목적지까지 달리게 할 수 있습니다. 하지만 보통 사람은 차에 이상이 생기면 그 시점부터 운전을 할 수가 없어집니다.

부타 시대의 차라는 것은 마차입니다. 마차가 고장 난다는 것은 말이 날뛰고 바퀴가 부서지거나 고삐가 끊어지는 등의 일을 말합니다. 능숙한 마부는 그 정도 일로 포기하지 않습니다. 목적지까지 갑니다. 기술적으로 매우 발전한 현대의 차로는 불가능할지도 모릅니다.

차가 고장 나면 비록 기술자라고 해도 고칠 수 없기 때문에 버릴 수밖에 없습니다. 차를 인생에 비교해서 생각해 봅시다.

자신의 마음에 화가 생겼다는 것은 인생이라는 마차가 고장났다는 것입니다. 화가 나도 화나는 대로 행동하면 인생은 위험합니다. 화라는, 날뛰는 말이 하고 싶은 대로 내버려두는 것이 됩니다. 그래서 화가 난 순간 화를 지우려고 합니다. 지울 수가 있다면 그 사람은 솜씨 좋은 마부인 것입니다. 인생의 주도자이자 승리자입니다. 사람이 '화를 내면 패배다. 화를 내지 않는 사람은 승리자다.' 라는 의미입니다.

진정한 영웅, 진정한 리더라는 것은 화를 없앤 사람입니다. 화를 내고 '나는 위대하다.' 라고 말하는 사람이나 '너는 뭐야.' 라고 말하는 사람은 절대로 리더가 될 수 없습니다.

여기서 석가는 강조합니다.

세상 사람들이 생각하는 것과 정반대의 것을 말하는 경우, 석가는 '내가 말합니다.' 라고 강조해서 말하는 것입니다. 진리와 사실 등을 '내가 말합니다.' 라고 강조하지 않아도 객관적으로 조사하면 누구나 그 사실을 발견할 수 있는 것입니다. 하지만 일부의 사물에 대해서 솔직하게 찬성할 수 없는 것도 있습니다.

예를 들어 '나쁜 일을 하는 사람에게 화를 내는 것은 당연하다.' 라는 것은 세상이 모두 인정하는 것입니다. 하지만 악인에 대해서 화를 내서는 안 된다는 것은 부타의 말입니다. 솔직하게 찬성할 수 없는 말입니다. 이와 같은 경우는 석가가 '내가 말합니다.' 라고 강조하는 것입니다. '여러분들은 납득할 수 없을지 모르지만, 사실은 그대로입니다.' 라는 뉘앙스입니다. 이 경우는 세상의 잘못된 의견과 잘못된 부타의 의견, 깨달음을 얻은 사람의 의견, 바른 길, 진리, 납득이 가지 않아도 지키지 않으면 안 되는 규율과 같은 의미로 이해를 해야만 합니다. '화를 내지 않는 사람이야말로 승리자이다.' 라는 말은 이와 같은 말입니다.

화나 그 외의 감정을 제어하지 않고 감정대로 살고 있는 사람들은 인생이라는 마차의 고삐를 쥐고 있을 뿐입니다. 아무런 운전 능력도 없는 것입니다. 차의 핸들을 쥐고 있는 일이라면 아이라도 할 수 있지만 차를 운전하기 위해서는 면허증을 취득하지 않으면 안 될 것입니다. 화를 제어할 수 없는 사람은 석가의 말에 의하면 인생의 핸들을 그저 쥐고 있을 뿐인 사람입니다. 반대로 화를 내지 않는 사람이 다른 사람의 고삐까지 쥐고 있는 것이 됩니다. 화를 내고 있는 사람은 화를 내지 않는 사람이 말하는 대로 행동하지 않으면 안 됩니다. 사람들을 붙잡고 있는 것은(사람을 리드하는 것은) 화를 내지 않는 사람인 것입니다.

언제나 리더가 되는 것은 화를 내지 않는 사람입니다. 정치의 세계에서도 서로 맞붙거나 비방하거나 하는 여러 가지 일이 있을 것입니다. 그런 세계라도 살아남아서 장관이나 대통령이 되는 사람들은 무슨 말을 들어도 냉정하게 웃음을 잃지 않는 사람일 것입니다. 그래서 장관이나 대통령과 같은 위치에 이를 수 있는 것입니다. 아주 사소한 일로 화를 내고 싸움을 하면 의원의 지위도 잃어버리게 됩니다. 진정한 리더는 절대로 화를 내지 않습니다. 화내지 않는 사람은 모두의 고삐를 쥐고 있는 것입니다.

화나 그 외의 감정을 제어하지 않고 감정대로 살고 있는 사람들은 인생이라는 마차의 고삐를 쥐고 있을 뿐이다.

13

# 부서진 종과 같이 되라

'부서진 종과 같이 되라.' 라는 말이 있습니다. 종은 조금이라도 만지면 꽤 큰소리가 납니다. 우리들은 종은커녕 아주 사소한 일에도 화를 내고 있습니다.

예를 들어 사람이 갑자기 자신의 앞을 지나가기만 해도 '뭐야, 저건.' 하고 화를 냅니다. 이래서는 앞을 지나갈 때마다 지나간다는 말을 해야만 할 것입니다. 그런 일은 그다지 나쁜 것은 아니지만 신경이 많이 쓰이는 일입니다.

조금이라도 잘못을 하면 인간은 바로 화를 냅니다. 인사 하나에서도 '말투가 이상하다. 좀 더 정중히.' 라고 말하기도 합니다. 조금 만지기만 해도 큰소리가 나는 종과 같은 것입니다.

그래서 석가는 '자신의 마음을 금이 간 종처럼 만들어 보십시오.' 라고 말하는 것입니다.

금이 가면 때려도 종은 소리가 나지 않습니다. 아무리 공격을 받아도 이쪽에서는 화의 소리가 나지 않는 것입니다. 그것도 자아를 버리는 것과 같습니다.

(조금이라도 잘못을 하면 인간은 바로 화를 낸다.

14

# 화의 원인이 없을 때는 누구라도 훌륭하다

'화는 진한 맹독이다.' 라고 가르치는 유명한 일화가 있습니다.

한 스님의 이야기인데, 그 스님은 비구니들과 함께 지내며 꽤 사이가 좋았습니다. 출가는 독립하기 위해 하는 것입니다. 따라서 서로 사이좋게 이야기를 하거나 사귀거나 친구를 만든다는 것은 인정하고 있지 않습니다. 게다가 출가하면 남성과 여성은 따로 행동해야만 합니다. 그런데 그 스님은 너무나 사이좋게 지내고 있기 때문에 비판을 당했습니다.

그 스님은 화를 냈습니다. 비구니들도 '그렇게 좋은 사람에게 왜 이러쿵저러쿵 말들이 많을까.' 라고 화를 냈습니다. 또 비구니들의 나쁜 점에 대해 다른 스님들이 뭐라고 하면 이번에는 그 스님이 화를 냈습니다.

스님들이 석가에게 보고했고 석가도 따끔하게 혼을 냈습니다. 그러고 나서 그 사람을 두고서 옛날이야기를 해주었습니다.

옛날에 사와티라는 마을에 어떤 돈 많은 여성이 살고 있었습니다. 그 집에는 그 여성 외에 하녀가 한 명 살고 있었습니다. 그 부자 여성은 '사람이 좋아서 화를 내지 않고 인내심이 있는 훌륭한 사람'으로, 대단히 유명할 뿐만 아니라 그녀가 조금이라도 화를 내는 것을 본 사람은 없었습니다. 그 집에서는 시끄러운 소리도 전혀 들리지 않았습니다.

그 하녀는 '내 주인은 아주 좋은 사람이다. 화내지 않는 사람이다. 마을에서도 다들 좋아한다. 하지만 정말로 좋은 사람일까. 어쩌면 내가 일을 잘하고 있기 때문에 화낼 기회가 없었던 것뿐일지도 모른다. 주인이 정말로 착한 사람인지 시험해 보자.' 하고 생각했습니다. 그리고 어느 날 일부러 늦잠을 잤습니다.

그 하녀는 몇십 년간 이 집에서 일하면서 한 번도 잘못을 한 적이 없었습니다. 항상 주인이 일어날쯤에는 아침식사 준비까지 모두 끝마쳐 놓았습니다. 그런데 그날은 주인이 일어나도 하녀는 아직 자고 있어서 아무 일도 하지 않았습니다. 그래서 주인은 하녀의 방으로 가서 '왜 넌 아직까지 자고 있는가.' 하고 물었습니다. 그때 하녀는 주인의 눈을 보았습니다. 눈을 보자 역시 화를 내고 있다는 것을 알게 되었습니다. 그리고 '아무것도 아닙니다.' 라고 말하고 침대에서 일어났습니다.

그리고 하녀는 '그렇군, 이 사람에게는 화가 있구나. 단지 나타낼 기회가 없었던 것뿐이다. 좋아, 내일도 시험해 보자.' 하고 그 다음 날도 늦잠을 잤습니다. 그러자 이번에는 엄한 말로 '일어나, 무엇을 하고 있는 거야. 왜 아직까지 자고 있는 거야.' 하고 화를 냈습니다. 하녀는 또 '아니요, 아무것도 아닙니다.' 하고 대답했을 뿐입니다.

하녀는 '두 번째 날은 화를 내고 말로 혼을 냈다. 자, 삼 일째도 시험해 보자.' 라고 그날도 늦잠을 잤습니다. 그 부인은 막대기를 들고 와서 하녀를 때렸습니다. 그 막대기는 밖에서 문을 열지 못하도록 하기 위해서 사용하는 것이었기 때문에 꽤 크고 무거웠습니다. 하녀는 머리가 깨져버려서 온몸이 피투성이가 되었습니다. 그렇지만 하녀는 아무 말도 하지 않고 밖으로 나왔습니다. 그리고 모두의 앞에서 '여러분은 제 주인을 좋고 훌륭한 사람이라고 말하지만 이걸 보십시오. 저는 잠깐 늦잠을 잔 것뿐입니다. 그런데 이렇게 심한 짓을 했습니다.' 라고 말했습니다. 이 일로 사와티의 사람들은 '저 사람은 너무하다. 화를 내고 하녀를 괴롭히는 기분 나쁜 여자다.' 라고 하며 그녀의 명예는 한순간에 사라져버렸습니다.

이 일화로 석가는 무엇을 말하고 싶었는가 하면 '화내지 않는 원인이 없을 때는 누구라도 침착하고 훌륭하게 있을 수 있다. 하지만 그것은 진짜가 아니다.' 라는 것입니다.

2~3주간 수행을 위해 절에 들어갔다고 합시다. 그리고 수행을 끝내고 본인이 '마음이 좋아졌다.' 라고 생각해도 그것은 진

짜가 아닙니다. '좋아졌는지 아닌지 사회에 돌아와서 확인해 보아라.' 라는 것입니다. 모두가 자신을 칭찬하고 있을 때 화내지 않는 것은 당연한 것입니다. 그럴 때 '나는 화내지 않습니다.' 라고 잘난 체하며 말하는 것은 놀랄 일이 아닙니다. 조건이 갖춰지면 바로 화를 내버릴지도 모르기 때문입니다.

화를 내는 조건이 갖춰지지 않았을 때 화내지 않는 것은 그다지 칭찬받을 정도의 일이 아닙니다. 정말로 '화가 없다.' 라는 것은 화를 낼 조건이 갖춰져 있어도 화를 내지 않는 것입니다. 모두에게 비난받고 있을 때에도 웃을 수 있는 것입니다.

( 화내지 않는 원인이 없을 때는 누구라도 침착하고 훌륭하게 있을 수 있다. 하지만 그것은 진짜가 아니다.

## 15
## 어떤 마음으로 혼나도 화내지 않기

사람이 사람을 혼을 내는 경우 여러 가지 방법이 있지만 그것을 석가는 다섯 가지로 나누고 있습니다.

첫 번째는 '혼내야 할 때 혼내는 일도 있고 혼을 내서는 안 되는 때에도 혼내는 일도 있다.'

두 번째는 '근거가 있어서 혼낼 때도 있지만 근거가 없음에도 혼낼 때도 있다.'

세 번째는 '부드러운 말로 말할 때도 있고 가시 돋친 말로 말할 때도 있다.'

네 번째는 '정말로 의미 있는 도움이 되는 말로 혼낼 때도 있고 아무래도 좋은 쓸모없는 말로 그저 혼만 낼 때도 있다.'

다섯 번째는 '상대에게 자비심을 가지고 혼낼 때도 있고 단순히 화가 나서 혼낼 때도 있다.'

사람의 말은 이처럼 다섯 가지로 나눌 수 있습니다. 사람이 자신에게 근거가 있어서 말을 하거나, 근거 없이 말을 해도 침착하게 있을 수 있는 것입니다. 위대한 마음을 가지도록 하십시오. 사람이 자신에게 자비심으로 이야기해도, 화를 내면서 이야기를 해도, 질투하면서 이야기해도 마음을 넓게 가지십시오. 그럴 때라도 침착할 수 있도록 살아보십시오.

(사람은 자신에게 근거가 있어서 말을 하거나, 근거 없이 말을 해도 침착하게 있을 수 있다.

16

# 무슨 일에도 동요하지 않는 마음

이와 같은 마음은 어떻게 하면 가질 수 있을까요? 그것은 예를 들어 이런 것입니다. 사람이 지구에 화를 내고 곡괭이를 가지고 와서 '이놈의 지구, 곡괭이로 지구의 여기저기를 파버려야지. 마구 찍어서 이 지구를 구멍내버려야지. 없애버려야지.' 라고 지구를 괴롭힌다고 합시다.

하지만 하찮은 인간이 곡괭이로 구멍을 낸다고 해서 지구를 괴롭히거나 파괴할 수는 없습니다. 이와 같은 마음을 가지는 것입니다.

'나는 지구와 같은 마음을 만들 것이다. 사람이 곡괭이로 구멍을 팠다고 해서 아무것도 움직이지 않는다. 지구와 같은 마음을 가지자.' 라고 자신에게 들려주십시오.

다음의 예는 한 사람이 다양한 색의 그림 도구를 가지고 와서 하늘에 그림을 그리려고 하는 이야기입니다.

'하늘에 여러 가지 색으로 그림을 그려서 색칠하자. 좋아하는 대로 하늘에다 그림을 그려야지.' 라고 생각하는 사람이 있다고 해도 하늘에 그림을 그릴 수 있을까요? 그저 본인의 손만 더러워질 뿐입니다.

이것을 반대로 생각하면 '남에게 어떤 말을 들어도 나는 하늘과 같은 마음으로 있어야지.' 라고 정한 사람의 마음에게는 누구도 그림을 그릴 수는 없다는 것입니다. 그 그림이라는 것은 화를 말하는 것입니다.

'타인이 부드러운 말로 이야기를 해도, 심한 말로 이야기를 해도, 위의 다섯 가지 중 어느 말로 말을 들어도 냉정을 잃지 않는' 인간을 지향해 주십시오.

옛날에는 회중전등이라는 게 없었기 때문에 나뭇잎을 뭉쳐서 불을 붙여서 가지고 다녔습니다.

사람이 그 작은 등불을 가지고 갠지스 강에 가서 '갠지스 강의 물을 데워서 전부 없애버리자.' 라고 생각해도 자신의 등불을 갠지스 강에 갖다대면 어떻게 되겠습니까? 설마 갠지스 강의 물이 데워져서 증발할 일은 없을 것입니다. 그저 등불이 꺼질 뿐입니다.

그래서 타인에게 무슨 말을 들었을 때 '나는 무슨 말을 들어도 갠지스 강과 같은 마음으로 대하겠다.' 라는 식으로 침착하게 있는 것이 좋습니다.

(무슨 일에도 동요하지 않는 마음은 그 누구에게 무슨 말로 말을 들어도 냉정을 잃지 않는 것이다.

4장

# 화를 다스리는 법

I

## 자신의 마음에 있는 '화'를 자각하라

몇 번이나 말한 것처럼 인간은 화를 내지 않는 게 좋습니다. 정말로 좋은 것은 화내지 않는 방법을 찾는 것이 아니라 단지 화를 내지 않는 것입니다. 사람을 죽이거나 때리거나 비판하는 모든 무서운 것이 이 세상에서 일어나는 것은 그 사람이 화를 내고 있을 때에 제한되어 있습니다.

세계를 잘 보아주십시오.

누구나가 크게 화가 나서 사람을 죽이는 것입니다. 사람을 모욕하거나 비판하고 있는 것입니다. 나라들 간에도 전쟁을 하고 있지 않습니까.

저는 거짓말이나 농담을 하고 있는 것이 아닙니다. 화를 내고 있을 때에는 그 사람은 단지 도깨비나 귀신이지 인간이 아닙니다. 여러분들도 '저 사람은 화가 나면 도깨비와 같다.'라고 종종 말하지 않습니까?

한 번이라도 그 정도로 무서운 것이기 때문에 횟수를 거듭해서는 안 됩니다. 화의 횟수를 거듭하는 것만큼 무서운 것은 없습니다. '설사 조금이라도 화내는 것은 아주 무서운 것이다.' 라고 자신에게 타이르십시오. 만약 화를 내버렸으면 곧 '앗, 나는 밑바닥으로 떨어졌다. 여기에 있어서는 안 된다.' 라고 어서 빨리 깨닫고 인간의 차원으로 되돌아오도록 해야만 합니다.

동물 이하의 무지한 생물은 되고 싶지 않을 것입니다. 그렇다면 '화를 내는 것은 무지한 사람이다.', '화내는 것은 인간성을 버리는 것이다.' 라는 것을 이해해 주십시오.

'화를 내고 있는 자신에게는 이해력도 합리성도 객관성도 아무것도 없다.' 라는 것을 마음속에 명심하십시오. 그것이 가능해지게 되면 더는 화를 내지 않습니다. 노력해서 화를 억제하는 것이 아닙니다. 자신의 마음의 화를 자각했다면 화를 내지 않게 되어버리는 것입니다. 반드시 도전해 보십시오.

( 자신의 마음의 화를 자각했다면 화를 내지 않게 된다.

2

## 화를 '억제하고', '인내하는' 것은 잘못

화를 내는 사람은 화가 인격 그 자체가 되어버린 것입니다. 지혜도 지식도 이해능력도 없습니다. 화를 내고 있는 사람은 항상 어리석은 사람입니다. 하지만 화는 억제하면 없어지는 것이 아닙니다. '화를 억제하거나 인내한다.' 라는 그런 말을 자주 듣지만 그런 일로 화는 사라지지 않습니다. 화가 생긴 경우는 본인의 속에 있기 때문에 인내하려고 이를 물어봤자 내면의 화는 그대로입니다. '화가 나면 인내한다.' 라고 하면 죽을 때까지 계속 인내하지 않으면 안 됩니다.

이런 경우 서양적인 사고방식에서는 '스트레스는 발산하라.' 라는 식으로 권합니다. 화를 폭발시켜 가스가 새듯이 하려는 발상입니다.

하지만 이 세상에서 이것만큼 위험한 것은 없습니다. '발산하면 속이 시원하다.' 라는 것은 화 등의 감정을 정당화하고 원인을 보지 않고 속이려는 사고방식입니다. 이 생각에 따르면 '또 화를 내면, 또 발산하면 된다.' 라는 것이 됩니다. 근본적인 해결이 전혀 아닙니다. 그리고 화의 발산은 세상에 폐가 되기 때문에 칭찬할 만한 일이 아닙니다.

알기 쉬운 예를 들어보겠습니다. 제가 발에 상처를 입고 아프고 곤란해 합니다. 그곳에 누군가가 와서 '당신은 발에 상처를 입어서 아프죠? 내가 그 고통을 느끼지 않도록 해 드릴까요?' 라고 제안합니다. '예, 부탁드립니다.' 라고 대답하면 그 사람은 야구 배트를 가지고 와서 제 발을 힘껏 치는 것입니다. 제 무릎은 부러지고 별이 보일 만큼 아픕니다. 하지만 덕분에 원래 상처 난 발의 고통은 느낄 수 없게 됩니다. 분명히 그 사람이 말한 대로는 되었습니다. '아직 상처가 아픕니까?' 라고 물으면 그 부분은 이젠 아프지 않습니다. 하지만 무릎의 뼈는 부러지고 다른 심한 고통이 생겼습니다. 스트레스 발산의 원리는 그것과 같은 것으로 작은 고통을 큰 고통으로 대체하고 있을 뿐인 것입니다.

스트레스 발산의 원리는 작은 고통을 큰 고통으로 대체하고 있을 뿐인 것이다.

## 3
## 들킨 순간 화는 사라진다

화는 자신의 속에서 생기는 것이어서 해결 방법은 '독 그 자체'를 빼내는 것 외에 방법이 없습니다. 비파사나 명상법(석가가 가르친 깨달음에 이르는 명상법)에서 말하는 '지금의 순간 자신을 깨닫는 것'입니다. 그것이 세상에서 가장 과학적인 화의 독을 빼내는 방법입니다.

따라서 화가 생기면 '아, 화다. 화다. 이것은 화의 감정이다.'라고 곧 자신을 직시하십시오. 화를 관찰하고 공부해 주십시오. '지금 이 순간, 나는 기분이 나쁘다. 이것은 화의 감정이다.'라는 것은 지금 나는 화를 내고 있다.'라고, 밖을 향한 자신의 눈을 지금 곧 내면으로 향하게 하십시오.

처음에는 누군가 무슨 말을 하면 곧 화를 내버리는 것은 어쩔 수가 없겠지만 언제까지나 타인의 말에 휘둘리지 말고 화를 낸 순간에 '이것은 화다. 화다.'라고 직시하십시오. 그러면 화는 생긴 그 순간에 사라져버릴 것입니다. 사라져버리면 마음은 다음 순간을 느끼려고 할 것입니다. 화가 사라지면 곧 기분이 좋아집니다. 예를 들어 머리가 아플 때 진통제를 먹으면 아픔은 사라지고 안개가 걷힌 듯이 기분이 좋아지는 것과 마찬가지로 화가 사라지면 곧바로 기분이 좋아지고 상쾌해질 것입니다. 바로 행복을 느낄 수가 있을 것입니다.

거기까지 이르면 자신에게도 자신이 생기고 '아, 화가 사라졌다. 나도 자기 컨트롤을 잘할 수 있다.' 라고 자신을 칭찬할 수가 있습니다. 그렇게 되면 언제라도 화의 감정에 고통받는 일 없이 온화하게 남의 말을 들을 수 있습니다.

화를 다스리는 방법은 바로 자신의 마음을 보는 것입니다. 마음을 보는 것으로 화는 바로 사라집니다. 여러 가지 방법을 시도하지 않아도 괜찮습니다. 간단하고 짧은 순간에 할 수 있는 일인 것입니다. 심리학의 지식도 카운슬링도 전혀 필요 없습니다. 가장 중요한 것은 '자신을 직시하는' 단지 그것뿐이라는 것을 분명하게 기억해 두십시오.

불교에서는 '지금의 자신을 깨닫지 못하는 사람' 을 가리켜 '어리석은 사람', '죽은 사람', '잠을 자는 사람' 이라는 의미의 말로 부르고 있습니다. 화를 낸 그 순간에 자신의 화를 깨닫지 못하는 사람은 화의 화신이 됩니다. 그리고 한바탕 화를 낸 후에 '아, 화가 났다.' 라고 자신이 화를 내고 있는 것을 자각합니다. 심할 때에는 3년이 지나도 '그때는 화가 났다.' 라고 떠올리고 다시 화를 내고 그때마다 자신을 몇 번이고 파괴하게 됩니다.

( 화를 다스리는 방법은 바로 자신의 마음을 보는 것이다.
마음을 보는 것으로 화는 바로 사라진다.

4

# 화가 나면 '나는 패배자다' 라고 말한다

화를 내면 이미 그 순간 행복은 위험에 직면하게 됩니다. 1초라도 빨리 화의 불꽃을 끄지 않으면 안 됩니다.

여기에서는 화를 다스리는 방법에 대해서 될 수 있으면 구체적으로 이야기해야겠지만 그전에 중요한 포인트를 확인해 두겠습니다.

그것은 '화내는 것은 패배자다.' 라는 것입니다. 자신에게 전혀 자신이 없고 사회에서 당당하게 가슴을 펴고 살고 있지 못하는 사람인 것입니다. 무엇이든 무서워하는 겁쟁이거나 나약한 성격인 것입니다.

자신이 빈 깡통이라는 것이 알려지는 게 두려워서 모두에게 무서운 얼굴을 하고 가까이 오지 못하게 요란하게 짖어대고 있을 뿐입니다. 허세를 부리고 있는 것입니다.

회사에서 높은 지위에 있어도 부하를 심하게 꾸짖거나 소리

치는 사람이 있을 것입니다.

그것은 속이 텅 빈 허울뿐인 사람으로 인격 따위는 없습니다. 아주 머리가 나쁘기 때문에 화를 내는 것입니다.

물론 절대 제대로 된 리더도 아닙니다. 먼저 기억해 두십시오. '화를 내는 사람은 패배자 이외에 아무것도 아니다.'라는 것을.

( 화를 내는 것은 패배자라는 뜻이다.

5

# 강자일수록 화를 내지 않는 동물의 세계

성격적으로 화를 내는 사람은 인간 중에서도 최악입니다. 아무것도 할 수 없는 패배자입니다.

동물세계를 보아도 이것을 잘 알 수 있습니다. 약한 동물은 이내 화를 냅니다. 인간을 향해 자주 공격하는 것은 작고 약한 동물이 많을 것입니다.

반대로 당당한 동물일수록 화를 내지 않습니다.

숲속에서 가장 큰 동물은 코끼리입니다. 왕과 같은 당당한 모습으로 이쪽저쪽을 다니며 나뭇가지나 풀 또는 나뭇잎을 따서 먹습니다. 하지만 코끼리는 풀이나 나뭇잎을 따면 그것을 힘차게 휘두릅니다. 그러면 흙이나 벌레가 모두 떨어지고 풀이나 나뭇잎은 깨끗해지고, 모르고 벌레를 함께 먹어서 죽이는 일도 없습니다. 그 정도로 누구에게도 폐를 끼치지 않는 생활을 하고 있습니다.

사슴은 호랑이가 호수에서 물을 먹고 있으면 호수에 근접하지 않고 숨어 있습니다. 하지만 코끼리는 물을 마시려고 생각하면 호랑이가 있든 사자가 있든 관계없이 호수에 들어갑니다. 코끼리는 호랑이나 사자가 두려워할 만큼 강하기 때문입니다.

사람의 말을 전혀 듣지 않는 동물은 코뿔소입니다.

인도에서는 코뿔소를 돌보는데 코끼리를 이용합니다. 사람만으로는 다가갈 수 없기 때문에 코끼리를 타고 가는 것입니다. 사람이 말하는 것을 듣지 않는 코뿔소도 상대가 코끼리라면 말이 틀려집니다. 코끼리는 딱히 코뿔소를 밟거나 하지 않지만 코뿔소에게 있어서 '저 녀석에게 밟히면 위험하다.' 라고 생각하고 스스로 피합니다.

( 약한 동물은 화를 잘 낸다. 인간을 향해 자주 공격하는 것은 작고 약한 동물이다. 반대로 당당한 동물일수록 화를 내지 않는다.

## 6
## 패배의식 어머니를 가진 아이의 불행

패배자는 예외 없이 항상 화를 냅니다. 그래서 한눈에 알 수 있습니다.

예를 들어 패배의식에 빠진 어머니는 아이를 돌볼 자신이 없습니다. 그런 모자의 경우 아이가 울거나 하면 이내 어머니는 감정적으로 화를 냅니다. 어머니는 화를 내면서도 '화를 내서는 안 된다. 아이를 어떻게 해서든 달래지 않으면 안 된다.' 라고 무리하게 스스로에게 말하고 '자신의 아이이기 때문에 귀엽다.' 라고 생각하려고 하지만 화라는 것에 대해 이해하지 못하고 있기 때문에 잘되지 않습니다.

그래서 스트레스가 쌓이고 신경질적으로 되어서 점점 더 히스테릭하게 되어갑니다. 결국 그것이 폭발하면 병적으로 변해서 자신의 아이를 죽이려고 하는 경우조차 있습니다. 애정이 없는 것이 아닙니다.

반대로 자신이 있는 어머니는 아이가 아무리 한밤중에 울거나 장난을 쳐도 화를 내지 않고 그것을 능숙하게 컨트롤합니다. '이 녀석, 뭐 하는 거야.' 라고 아이에게 소리쳐도 그것은 겉으로만 그러는 것이지 감정적으로 화를 내고 있는 것이 아닙니다. 그래서 이치에 맞는 명령도 내릴 수 있습니다. 아이의 자존심이나 입장을 이성적으로 배려하고 상처입지 않도록 해줍니다. 그런 어머니는 바르게 아이를 키울 수가 있는 것입니다.

( 화라는 것에 대해 이해하지 못하고 있기 때문에 스트레스가 쌓이고 신경질적으로 되어서 점점 더 히스테릭하게 되어간다.

7

# '화내지 않는 것' 과 '버릇없이 키우는 것'

진정으로 강한 사람, 진정한 리더는 절대로 화내지 않습니다. 소위 '진실한 인간' 은 화를 내지 않습니다. 화를 내는 것은 가짜뿐입니다.

따라서 화를 다스리는 방법을 익히는 것으로 우리들은 진정한 인간, 진정한 리더가 될 수 있습니다. 화를 내지 않는 사람이 리더가 되는 것은 당연한 일입니다.

하지만 '화를 내지 않는 것' 은 무엇이든지 '예, 좋습니다. 좋습니다.' 라고 하는 태도가 아닙니다. 제 이야기를 듣고 오해한 사람이 있어서 조금 설명을 더 하겠습니다.

한 아이가 어떤 사람의 눈앞에서 나쁜 짓을 하고 있을 때의 일입니다.

그 사람은 '화를 내서는 안 된다. 스님에게 그렇게 들었기 때문에.' 라고 생각하고 아이가 나쁜 짓을 하고 있음에도 그저 보고만 있었습니다.

그것을 보고 저는 '그래서는 안 된다. 그래서는 아무것도 도움이 되지 않는다.' 라고 생각했습니다.

아이에게 정말로 애정이 있다면 '그런 짓을 해서는 안 된다.' 라고 단호하게 말하지 않으면 안 됩니다. 그런데 그 사람은 '그런 일을 하는 아이는 밉다. 그런 일은 볼썽사납기 때문에 안 돼.' 라는 말조차 하지 못하는 것입니다. 이것은 옳지 못한 행동입니다.

( 아이에게 정말로 애정이 있다면 '그런 짓을 해서는 안 된다.' 라고 단호하게 말해야 한다.

8

## 진실한 애정과 자신감이 있으면 말은 통한다

정말로 애정이 있고 화가 없으면 인간은 왕과 같은 기분으로 살 수가 있습니다. 누군가 나쁜 짓을 하고 있으면 '그건 나쁜 일이니까 그만두시오.' 라고 말하는 것만으로 끝낼 수 있습니다.

화를 내지 않는 사람은 자신감이 있고 침착하게 있을 수 있어서 화를 내고 있는 사람을 상대로 감정싸움을 하지는 않습니다. 이성적으로 배려심이 있으면 상대의 입장에 서서 조언할 수 있습니다. 그러면 화를 내고 있는 사람도 자존심에 상처받는 일 없이 빼어든 칼을 칼집에 집어넣을 수 있습니다.

자신의 말이 통하지 않을 때를 떠올려 보십시오. 그럴 때는 자신의 마음속에 애정도 자신감도 없지 않았습니까? 그래서 반복해서 몇 번이나 같은 말을 하는 것입니다. 그래서는 아무리 말해도 상대는 말을 듣지 않습니다.

반대로 '그건 좋지 않으니 그만두시오.' 라고 말했을 때 상대가 바로 들어준다면 말한 사람은 자신감이 생기고, 옳은 말을 하고 있는 것입니다.

이것은 회사 등에서도 자주 볼 수 있는 일입니다.

자신감은 없는데 자신의 말을 듣길 바라는 사람은 많기 때문에 세상은 엉망진창이 되는 것입니다.

패배자의 말이 통하는 경우는 없지만 그것이 마음에 들지 않기 때문에 또 화를 냅니다. 세상이 비참한 것은 당연한 것입니다.

(화를 내지 않는 사람은 자신감이 있고 침착하게 있을 수 있어서 화를 내고 있는 사람을 상대로 감정싸움을 하지는 않는다.

## 9
# '무슨 일을 당해도 화내지 말자' 라고 결심한다

《톱의 맹세》라는 설법이 있습니다. 불교 신자의 모토를 잘 나타내는 이야기로 여기에서는 화를 없애는 방법에 대해서 구체적으로 이야기하고 있습니다.

단 이 이야기는 누구나 받아들일 수 있는 것이 아닙니다. 먼저 정직한 사람이어야 합니다. 여러분은 '뭐, 누구나 정직한데. 정직하지 못한 사람도 있을지 모르지만.' 이라고 생각했을 것입니다. 그러나 정말로 정직한 사람은 유감스럽게도 좀처럼 발견할 수가 없습니다. '나는 정직한 사람이다.' 라고 마음 한구석에서 생각한다면 인간은 눈 깜짝할 사이에 인격이 향상될 것입니다. 실제로 모두 좋은 사람이 되려고 노력하고 있지만 좀처럼 그렇게 되지 못합니다. 그 이유를 알고 있습니까? '좋은 사람이 되고 싶다.' 라는 마음은 정직한 마음이 아닙니다. 인간은 마음 한구석에 '나는 옳은 사람이다.' 라는 마음으로 살고 있는 것입니다.

세상사람들과 비교해서 '좀 더 노력하지 않으면.', '화를 내지 않는 사람이 돼야지.', '거짓말을 하지 않는 사람이 돼야지.' 라고 생각하고 있는 것입니다. 그것은 진정한 마음이 아닙니다. 본심은 '나는 바르다.' 라는 것입니다. '자신도 깨닫지 못하는 본질적인 마음' 과 '자신이 깨닫고 있는 마음' 이 정반대인 것입니다. 정직한 사람이라는 것은 이 모순이 적은 사람입니다. 그 사람에게 이 방법은 유효합니다.

석가는 '예컨대 무서운 도둑들이 들어와 아무것도 나쁜 일을 하지 않은 자신을 붙잡고서 '이놈을 베어버리자. 재미있을 거야.' 하고 생각하여 단지 그 이유만으로 톱으로 자르려고 한다고 합시다. 그때조차 조금이라도 '싫다.' 라고 화를 내서는 안 된다. 조금이라도 화를 내면 당신들은 부타의 가르침을 실천하는 사람이 아니다. 따라서 불제자가 되고 싶다면 그 정도의 각오로 살아가길 바라는 것이다.' 라고 말씀하셨습니다.

왜냐하면 화는 인간에게 맹독이기 때문입니다. 그 정도로 석가는 화라는 것을 사람들이 조절하기를 바란 것입니다.

정직하면 이것을 기억했다가 실천할 수가 있습니다. 석가는 '화를 내서는 안 된다. 화는 독이다. 죽임을 당하는 순간조차도 만약 화를 내면 마음은 흐트러지고 지금까지 쌓은 덕은 모두 무효가 되어버리며 지옥에 가게 된다. 그러니 죽임을 당하는 사람은 손해를 보게 된다.' 라고까지 말씀하시고 싶었던 것입니다.

우선은 '무슨 일을 당해도 화내지 않는다.' 라고 스스로 결심하십시오. 그러면 '조금 기분 나쁜 말을 들었다.' 또는 '무시당했다.', '시어머니가 괴롭힌다.' 라는 그런 하찮은 일로 화를 내지 않게 될 것입니다. '죽임을 당하게 됐어도 나는 죽이려는 사람에게 화는 내지 않는다.' 라고 할 정도의 각오가 있으면 산다는 것만큼 지고(至高)한 일은 없을 것입니다.

( '나는 정직한 사람이다.' 라고 마음 한구석에서 생각한다면 인간은 눈 깜짝할 사이에 인격이 향상될 것이다.

10

# 옳은 '평등'을 이해하라

생명의 권리는 모두 평등합니다. 몸의 형태에 따라 삶의 방식이 바뀐 것뿐입니다.

이 생명의 평등이라는 것을 정확하게 이해하면 화를 내지 않게 됩니다.

바퀴벌레는 부엌에 숨어서 살고 있습니다. 집에서 기르고 있는 고양이는 자신만의 먹이를 받아서 먹습니다. 쥐는 모두가 잠이 든 후에 나와서 음식찌꺼기를 먹습니다.

하지만 그것은 그러한 '몸'이기 때문이라고밖에 말할 수 없습니다.

인간은 숨지 않고 당당하게 생활하고 있지만 몸에 그 정도의 차이가 있다는 것뿐이지 그것이 위대한 것은 아닙니다. 생명은 모두 똑같습니다.

그래서 우리들에게는 타인에게 화를 낼 권리가 전혀 없습니다. 화를 낸다는 것은 '평등'의 의미를 모르고 있다는 증거입니다.

모든 생명은 각자 고통과 괴로움이 있어서 그것은 평등합니다. 누구의 고통이 특별히 중요하지는 않습니다. 그 괴로움이 서로 충돌한다면 어느 쪽도 '내가 바르다.'라고 말할 뿐, 절충의 여지가 없기 때문에 어느 쪽도 살아갈 수 없게 됩니다.

'내 고민은 내 고민, 상대편의 고민은 상대의 고민이다.'라는 식으로 평등의 마음을 갖게 된다면 자아는 점점 사라지고 화를 내려고 해도 없어집니다.

설사 상대가 자신의 아이라고 해도 화를 내는 것은 '평등하다.'라고 생각하고 있지 않기 때문입니다. 우리들 승려도 마찬가지입니다. 제자들에게 '제자이기 때문에.'라고 화를 내는 것은 좋지 않은 일입니다. 같은 인간이라도 본질은 다르기 때문에 멋대로 화를 낼 권리는 없습니다.

학교의 선생님과 학생들도 평등하고, 교장과 선생도 평등하기 때문에 나쁜 행동에 주의하는 것은 옳아도 서로 타인에게 화를 낼 권리는 없습니다.

만약 자신이 나쁘지도 않은데 연장자가 화를 낸다면 '잠깐 동안 내버려두자.'라고 생각하십시오.

또 자신보다 나이가 적거나 밑의 사람에게는 '모두 같은 인간이니 서로 이야기를 해서 문제를 해결하자.'라는 태도로 대해야 합니다.

'평등' 이라는 개념은 이와 같이 사용하면 정말로 멋진 것입니다.

(우리들에게는 타인에게 화를 낼 권리가 전혀 없다. 화를 낸다는 것은 '평등' 의 의미를 모르고 있다는 증거이다.

11

# '삶의 보람'

평소에 우리들은 마음속에 무언가 의지할 곳이 있어서 '이것이 나의 행복이다.' 라고 생각하고 있습니다. '이것이 있는 한 행복하다.' 라고 생각하는 것입니다. '맛있는 음식을 먹을 수 있는 행복', '아이는 나의 보물', '해외여행을 가고 싶어서 열심히 일한다.' 라는 '삶의 보람' 으로 삼고 있는 것이 있어서 '그것이 있으면 행복하다.' 라는 태도로 살고 있습니다.

그러면 그 무언가가 사라지면 어떻게 될까요?

이번에는 반대로 깊은 불행을 느끼게 되는 것입니다.

'아이를 키우는 게 삶의 보람이라며 열심히 노력하는 여성이 있습니다. 그 여자의 아이가 어느새 성장해서 결혼을 하고 독립하면 여자는 삶의 이유를 잃어버리고 외로워져서 극심한 불행을 느끼게 됩니다.

그리고 나중에는 화만 남습니다. '내가 지금까지 키웠는데 힘들지만 좋은 것만 해주었는데 아이는 나를 보고 싶어하지도 않는다.' 라고 불만을 말하기 시작합니다. 그러면 어떻게 될까요?

그 사람은 독립한 아들을 괴롭히고 아들의 아내를 괴롭히고 다른 사람들과 충돌하면서 모두들 '꺼리는 사람' 이 되어버립니다. 몸도 점점 나빠지고 큰 불행을 맛보게 되는 것입니다.

회사원도 마찬가지입니다. '일이 삶의 보람이다.' 라고 생각하면 은퇴 후 할 일이 없어지게 됩니다. 그것이 걱정되어서 어느새 병에 걸려 죽음에 이르게 됩니다.

이렇게 되지 않기 위해서는 무슨 일이 있어도 거절하지 말고 상황을 받아들이며 즐겨야 합니다. 즉 일이 있다면 일을 즐기고, 은퇴하면 노후를 즐깁니다. 손자가 오면 손자와 즐겁게 놀아줍니다. 그런 것입니다.

'이게 내 삶의 보람이다.' 라고 집착할 필요는 없습니다. 그런 것은 자신이 마음대로 정한 것이기 때문에 마음가짐에 따라 달라질 수 있습니다. 하루종일 손자와 놀면 몸이 피곤할 것입니다. 손자가 돌아간 후 '이제 내 시간이구나. 천천히 쉬어볼까.' 라고 생각하면 거기서 또 다른 즐거움이 생기는 것입니다. 손자가 없는 것을 '아, 외롭다.' 라고 생각하지 않고 '어제는 손자와 놀아줬더니 아주 바빴다. 오늘은 천천히 쉴 수 있다.' 라고 생각하는 것입니다.

이처럼 상황이 어떻게 바뀌어도 그것을 거절하거나 부정하지 않는 마음을 키우면 화가 생길 여지는 없습니다. 영원히 행복을 맛볼 수 있는 것입니다.

( 그 무엇이든 '이게 내 삶의 보람이다.' 라고 집착할 필요는 없다.

12

## 인생을 파괴할 정도의 문제는 없다

예를 들어 회사에서 괴롭힘을 당하는 경우란 중요한 일을 맡기지 않거나, 하찮은 일만 시키거나, 어떤 일을 해도 인정해 주지 않는 경우일 것입니다. 본인은 아주 괴롭겠지만 그렇다고 해서 자신이 자신의 인생을 파괴할 필요는 없습니다.

자신의 명랑함만은 훼손받지 않도록 지켜 가면 그런 문제는 이내 해결될 것입니다.

회사가 한 사람을 해고하고 싶어서 그 사람에게 일을 맡기지 않기로 했습니다. 그 사람은 매일 회사에 출근해서 앉아 있기만 할 뿐이지만 남들보다 자존심이 강해서 그런 상태가 몹시 괴롭습니다.

만약 제가 그런 입장에 처한다면 어떻게 할까요? 신문이나 잡지 등 읽고 싶은 책을 회사에 가지고 가서 발을 책상 위에 걸치고 하루종일 읽을 것입니다. 그리고 커피나 녹차를 마시거나 모두에게 타주거나 과자를 먹으면서 보낼 것입니다. 그리고 시간이 되면 정시에 퇴근을 합니다. '하고 싶어도 일이 없기 때문에 나는 이 시간을 하고 싶은 대로 사용합니다.' 라고 그 상태를 당당하게 받아들이는 것입니다.

그런 태도에 사람들이 화를 내며 '자네는 잘도 회사에서 책을 읽는다.' 라고 말하면 '그럼 어떻게 하면 되지? 난 할 일이 없어서 이러고 있다.' 또는 '당신들은 상관 말고 자신의 일을 하면 되지 않나. 얘기하고 있을 시간이 없지 않나? 일이 있는데.' 라고 대답하면 그걸로 이쪽의 승리입니다.

시험 삼아 제가 말한 것을 해보십시오. 하루나 이틀 후면 문제는 전부 해결될 것입니다. 자신도 즐거울 것이고 패배하지도 않습니다.

없어도 좋은 허영이나 자아 등과 같은 많은 것이 있기 때문에 '이것은 회사가 괴롭히는 것이다.' 또는 '나를 해고하고 싶어한다.', '해고하면 회사가 필요 없는 돈을 지불하지 않으면 안 되기 때문에 스스로 회사를 그만두기를 바란다.' 라며 이런저런 고민을 하는 것입니다.

하지만 실제로 이 회사에서 이루어지는 괴롭힘 등은 그리 대단한 것이 아닙니다. 그렇게 생각하기 위해서는 자신이 화를 낼 것 같으면 석가의 말씀을 떠올리면 좋습니다.

'만약 도둑이 들어와서 나를 톱으로 토막을 내도 나는 화를 내지 않는다. 화를 내면 나의 패배이다.'

이것으로 화는 곧 사라져버립니다.

( 자신이 자신의 인생을 파괴할 필요는 없다. 자신의 명랑함만은 훼손받지 않도록 지켜 가면 그런 문제는 이내 해결될 것이다.

# 13
# 자아는 자신의 족쇄

인간은 반드시 어떤 직책이나 자아를 가지고 있지만 그것이 자신의 족쇄가 되기도 합니다.

자아는 자신이 짊어진 십자가와 같습니다. 무엇을 위해 십자가를 짊어졌을까요. 바로 자신을 죽이기 위해서입니다. 시험 삼아 스스로에게 자존심을 가져 보십시오. 화 그 자체는 스스로를 파괴해 버릴 것입니다. 생각하는 대로 일이 진행되는 일은 있을 수 없고, 그때마다 화를 내면 자신을 파괴하게 됩니다.

자아를 가지고 살아가는 사람들은 자아와 함께 한없는 괴로움을 지닌 채 살아가고 있는 것입니다. 회사와 전혀 조화를 이루지 못하고 오히려 회사와 상충하면서 살아가는 것이 됩니다.

예수 그리스도의 최후를 알고 있을 것입니다.

예수의 처형이 결정되었을 때의 일입니다. '이 사람을 죽여야만 한다.' 라고 말한 사람이 십자가를 세워야 할 것입니다. 그런데 잔혹하게도 그 십자가를 예수에게 옮기게 합니다.

예수는 자신을 죽일 도구를 자신이 옮겼습니다. 예수의 경우, 이것은 타인이 강제한 것으로 어쩔 수가 없는 일이었습니다.

하지만 우리들은 기뻐하며 자아라는 십자가를 짊어지고 있는 것입니다.

그래서 여기서 이야기하는 방법은 '자아를 버려라.' 라는 것입니다.

자아를 버리라고 해서 자신의 이름까지 잊어버릴 필요는 없는 것입니다.

예를 들어 홍길동이라는 사람이 '홍길동 씨' 라고 불러도 전혀 반응도 하지 않고 '아, 내가 홍길동이었던가? 자아가 없기 때문에 이름도 잊어버리고 있었다.' 라는 상태까지 될 필요는 없습니다. 자신의 이름 정도는 가지고 있어도 괜찮습니다.

하지만 그 이외의 아무것도 소유하지 않겠다고 다짐을 하면 됩니다. 예를 들어 제가 '당신은 누구십니까?' 라고 물으면 '홍길동입니다.' 하는 것만으로 되는 것입니다.

만약에 '당신은 누구입니까.' 라고 물으면 '나는 어떤 사람이고, 이런 사람인 홍길동입니다.' 라고 말한다면 그 사람은 그만큼의 괴로움을 짊어지고 있는 것입니다.

( 자아를 가지고 살아가는 사람들은 자아와 함께 한없는 괴로움을 지닌 채 살아가고 있는 것이다.

## 14
# '나는 잘났다' 라는 자아

우리들은 왜 '나는 잘났다.' 라는 잘못된 생각을 하게 되는 걸까요? 그것은 자아가 눈을 흐리게 하기 때문입니다. 자신을 버리고 세계를 보고 행동하면 그와 같은 생각을 할 리가 없습니다.

'나는 아무것도 아니다.', '대단한 사람이 아니다.' 라고 생각하면 되는 것입니다. 명문대를 졸업한 사람이라도 누군가 '당신은 이 방을 청소하시오.' 라고 하면 바로 '예.' 하고 청소를 하면 됩니다. 그뿐입니다.

그런데 현실 사회에서는 명문대를 나온 사람이 '방 청소를 하시오.' 라는 말을 들으면 큰 문제가 될 것입니다.

여성이라면 '차를 타오라.' 는 말을 듣고 고민하는 사람도 있습니다. 그래서 건강을 해치거나 병에 걸리거나 합니다. 가만히 두고 볼 수 없을 정도의 상태가 되는 것입니다.

하지만 잘 생각해 보십시오. 단지 '차를 내오시오.' 라는 말을 들었을 뿐인데 고민하거나 괴로워하거나 화를 내서 자신의 건강을 해치는 것은 정말로 바보 같은 일입니다.

'차를 내오라.' 는 말을 들으면 차를 내오면 됩니다. 딱히 대단한 일도 아닙니다. 회사에 가면 어차피 퇴근시간까지 회사에 속박당하기 때문에 차를 타든지 화장실 청소를 하든지 모두 월급에 포함된 일입니다. 일을 하는 시간은 정해져 있고 그 시간에 할 수 있는 일도 정해져 있습니다.

그러므로 '나에게 차를 타게 하다니.' 라고 생각하지 말고 자연스럽게 할 수 있는 일을 하면 되는 것입니다.

만일 '이것을 만 부 복사한 후 정리해서 파일로 만들어 모두에게 나눠줘라.' 라는 말을 들었다면 하루 만에는 할 수 없을 것입니다. 그렇다면 며칠 동안 하면 되는 것입니다. 그 사이에 또 '차를 타오라.' 는 말을 들을지도 모릅니다. 그렇지만 '이렇게 할 일이 많은데 차를 타오라니!' 라고 생각하지 말고 '예, 알았습니다.' 라고 차를 타오면 됩니다.

만약 그 일로 일이 30분간 중단된다 하더라도 일을 못 한 것에 대해서 자신이 화를 낼 필요는 없습니다. 명령한 사람의 탓이기 때문에 회사에서도 뭐라 할 말은 없는 것입니다.

왜 화를 내는가 하면 쓸모없는 자존심이나 자아가 있기 때문입니다. 그것을 버리면 나머지 일은 문제될 것이 없습니다.

'나는 사장이다.', '나는 부장이다.', '나는 아내다.', '나는 남편이다.' 이런 것은 쓸모없는 개념입니다.

결혼하고 나서 '나는 하늘 같은 남편이다.' 라고 생각하면 주종관계가 되어서 아이나 아내를 억누르게 됩니다. 그렇게 되면 자신을 포함해서 가정은 불행해져 버립니다.

화를 내는 까닭은 쓸모없는 자존심이나 자아가 있기 때문이다. 그것을 버리면 나머지 일은 문제될 것이 없다.

# 15
# '나는 못났다' 라는 자아

'나는 이 정도 사람이다.' 라고 생각하는 것과 마찬가지로 '나는 무능력하다.' 라고 생각하는 것도 자아 때문입니다.

'이 사람에겐 많은 능력이 있지만, 나에겐 그런 능력이 없어서 분하다.' 라고 생각하기 때문에 상대를 시샘하는 마음이 생기는 것입니다. 자신의 무능력이 싫어서 능력 있는 사람에게 화의 감정을 느끼게 되는 것입니다.

하지만 자신에게 능력이 없어서 해가 되는 것이 있을까요? 그 일을 자신이 하지 않으면 안 될 이유는 없습니다. 할 수 있는 사람이 해줍니다. 어떤 일이건 각자의 능력에 맞는 일을 하면 된다는 말입니다.

'내가' 라는 자아를 버리면 아무런 문제가 될 것이 없습니다.

그림을 그리지 못하는 사람은 일부러 그림을 그리지 않아도 되며 그림을 그릴 수 있는 사람이 그리면 되는 것입니다.

피아노를 치지 못하는 사람이 피아노를 칠 수 있는 사람을 향해 화를 내거나 분해하며 시샘할 필요가 있을까요? 피아노를 칠 수 없는 사람은 피아노 치는 것을 들으면 되지 않을까요? 피아노를 잘 치는 사람이 있는 반면 들어주는 사람도 필요합니다. 그렇게 생각하면 화도 사라져버립니다.

모든 것을 할 수 있는 완벽한 능력을 지닌 사람이 있을 리가 없습니다. 사람들 각자가 자신의 능력을 발견해서 살리면 됩니다.

( 자신의 무능력이 싫어서 능력 있는 사람에게 화의 감정을 느끼게 되는 것이다.

# 16
# 자아를 버리면 자유로워진다

45살 정도의 사람이 편의점에서 아르바이트를 하게 되면 그다지 편한 마음이 들지 않을 것입니다. 그것은 '나는 이 나이에 누구나 할 수 있는 일을 하면서 돈을 번다.' 라고 생각하기 때문입니다. 다른 회사에서 스카우트 제의가 와도 일하고 있는 회사를 좀처럼 그만둘 수 없습니다. 지금의 회사에서의 경험과 위치를 버리고 제로에서 시작하지 않으면 안 되기 때문입니다. 상사가 자신보다 연하이기라도 하면 더 그렇습니다.

면접관이 30살이고 면접을 받는 사람이 45살이라고 하면 면접관은 '나는 젊다.' 라는 자아를 가지고 있고, 면접을 보는 사람이 '나는 경험이 풍부한 선배이다.' 라는 자아를 가지고 있기 때문에 상호간에 거북함을 느낍니다. 양쪽 다 흔히 볼 수 있는 광경이지만 이래서는 곤란합니다. 인간의 자유가 사라진 것입니다.

좋은 회사나 재미있는 일이 있다는 것을 알고 있는데도 할 수가 없어지는 것입니다. 그렇게 되면 월급도 많고 재미있는 일을 할 기회를 점점 놓치게 됩니다. 그렇지 않고 '당신은 어떤 경험을 가지고 있습니까?' 라거나 '어떤 일을 할 수 있습니까?' 라고 순수하게 능력이나 경험에만 초점을 맞춰서 면접을 보면 좋은 결과를 얻을 수 있을 것입니다.

자아가 없으면 자신의 상사가 아무리 연하라도 상관이 없습니다. 좋은 일을 하는 것에만 집중을 해서 즐겁게 일을 할 수 있습니다.

이처럼 모든 문제의 원인은 자아라고 해도 무방합니다. 그래서 '이름만으로 충분하다.' 라고 정하면 그것으로 모든 고민은 흔적도 없이 사라질 것입니다.

( 자아가 없으면 자신의 상사가 아무리 연하라도 상관이 없다. 좋은 일을 하는 것에만 집중을 해서 즐겁게 일을 할 수 있다.

17

# '남에게 지고 싶지 않다' 라는 자아

기본적으로 인간은 지는 것을 싫어합니다. 지는 것을 싫어하는 것에도 두 가지 종류가 있습니다.

하나는 자아와 자존심이 있어서 '나는 남에게 지고 싶지 않다. 지는 건 싫다.' 라는 생각으로 싸우는 것입니다.

그것은 자아이기 때문에 불교적으로 보면 잘못된 것입니다. 무언가에, 누군가에 '지고 싶지 않다.' 라고 생각하는 것은 절대로 좋은 일이 아닙니다. 또 하나는 자아와 관계없이 좋은 의미의 '지기 싫어하는 것' 입니다.

그것은 '자신에게 질 수 없다.' 라는 마음입니다. '진지하게 문제에 임하지 않아서 져버렸다. 자신의 나태한 마음에 졌다. 두 번 다시 지지 않겠다.' 라는 경우는 할 일을 하지 않은 것을 부끄러워하는 것입니다.

이 경우는 자아가 아니라 자신을 경계하고 있는 것입니다.

'남에게 지고 싶지 않다.' 라는 마음은 좋지 않은 일이며 '자신에게 질 수 없다.' 라는 마음은 자아가 아니라 자신을 경계하는 것이다.

18

# 자신이 할 일을 열심히 하면 된다

'나는 이런 일을 해야만 한다.', '오늘은 내가 음식을 만들어야 한다.' 라는 것은 자신에 대한 도전입니다. 누군가에게 칭찬을 듣고 싶은 것이 아닙니다. '나태하고 어중간하게 일을 하고 싶지 않다. 해야 할 일은 열심히 확실하게 하고 싶다.' 라는 태도인 것입니다.

요리로 말하면 '모두가 맛있게 먹을 수 있는 음식을 만들자.' 라고 진지하게 임하는 것입니다. 어떤 면에서 지는 것을 싫어하는 성격이라고 할 수 있지만 지고 싶지 않은 상대는 남이 아닌 자신이기 때문에 이것은 좋은 것입니다.

기억해 두십시오. 인간은 자신이 할 수 있는 일을 하고 열심히 노력하면 그것으로 됩니다. 타인과의 승패 따위는 전혀 생각할 필요도 가치도 없습니다.

(인간은 자신이 할 수 있는 일을 열심히 노력하면 그것으로 된다.

19

# 작은 '성공'

인생이라는 것은 무언가를 시도해서 조금이라도 성공하면 즐거운 것입니다. 그렇게 우리들은 평소에 '어떻게 하면 성공할까?' 라고 계획하고 살아가면 됩니다. 계획의 길이는 10분 정도로 충분합니다. '10년 뒤에 성공하자.' 라며 어떤 계획을 세우면 그것은 괴로울 따름입니다. 그렇지 않고 '10분 안에 자신이 해야 할 일을 끝내자.', '10분간 할 일을 열심히 해서 성공한다.' 라는 정도가 가장 좋습니다. 그렇게 하면 성공할 때마다 기쁨과 행복감을 느낄 수 있습니다. 그런 작은 계획을 쌓아가며 자신의 인생으로 만들어 가는 것입니다. 계획의 성공을 방해하는 것은 화입니다. 화를 낸 순간 계획은 실패해 버립니다. 우리들은 일순간에 화를 낼 것입니다.

예를 들어 편지를 쓰다가 글씨를 잘못 쓰거나 하면 그 순간 '아, 짜증난다. 실수투성이다.' 라고 화를 냅니다. 또 기계가 제대로 움직이지 않거나 하면 '왜 움직이지 않는 거야.' 라고 하며 조건반사적으로 때리거나 발로 차거나 합니다. 그때 이미 화를 내고 있는 것입니다.

'화' 는 '졌다' 라는 것과 마찬가지입니다. 지면 분하고 슬프고 즐겁지 않습니다. 즉 불행을 맛보게 되는 것입니다. 그리고 불행을 맛보는 것은 자신의 인생에 졌다는 것이기도 합니다. 반대로 화를 내야 하는 이유가 많지만 화를 내지 않는 경우, 그 사람은 분명하게 이긴 것입니다. 평소에 보통 때라면 이쯤에서 화를 내야 할 순간에 화를 내지 않도록 해보십시오. 그 후의 상황은 반드시 자신이 바라는 대로 일이 움직일 것입니다. 화를 내지 않고 있는 순간에는 자신이 그 상황을 이기고 있다는 것을 확실히 느끼고 기억해 두십시오. 그렇게 하면 패배자가 되지 않고 승리자가 될 수 있을 것입니다.

( 인생이라는 것은 무언가를 시도해서 조금이라도 성공하면 즐거운 것이다.

## 20
# 화가 아닌 '문제' 파악

화를 내는 사람은 패배자입니다. 조금의 지성도 없습니다. 화로 움직이는 고깃덩어리입니다. 반대로 자신의 마음에 싹튼 화를 재빨리 깨닫고 화를 내지 않는다면 멋진 일이 생깁니다. '이 문제를 어떻게 해야만 할까.' 라고 생각하면 지혜가 샘솟고 상대의 화에도 이길 수 있습니다. 그리고 이 '이겼다' 라는 자극은 아주 기분이 좋은 것입니다. 만약 어떤 사람이 '이것은 A입니다.' 라고 말하고 다른 사람은 '아니오, 틀립니다. B입니다.' 라고 논쟁을 하고 있다고 합시다.

하지만 거기서 세 번째 등장한 사람이 '이 사람이 옳다. 이 사람은 틀렸다.' 라고 단언해 버리면 그것은 옳은 것이 아닙니다. '이 경우는 이게 옳은 게 아닐까.' 라며 지혜로써 해결 방법을 찾는 모습을 보이면 상대의 화도 진정시킬 수가 있습니다.

저는 개인적으로 자주 그 방법을 쓰고 있습니다. 다른 사람의 문제나 여러 가지 것을 생각해야만 할 때도 있지만 대체로 일 년간의 일이라도 한 시간 이내에 해결해 버립니다.

포인트는 상대의 화나 말에 휘둘리지 않고 문제에만 초점을 맞춰서 해결하는 것입니다. '이렇게 상소리를 하면서 화를 내다니 나쁜 사람이구나.' 라고 생각하면 안 됩니다. '나쁜 건 그 사람이 아니라 화' 입니다. 그래서 '그 사람은 이런 감정으로 말하고 있다. 이 사람은 이런 감정으로 말하고 있다. 그렇지만 실제로 문제는 이런 것이다.' 라고 생각해서 '문제는 이것이네요? 그렇다면 이렇게 하면 어떨까.' 라고 말하는 것입니다. 자신의 입장이나 상황, 의견은 버리십시오. 그러면 모두가 아무런 거리낌 없이 받아들일 것입니다.

( '이 문제를 어떻게 해야만 할까.' 라고 생각하면 지혜가 샘솟고 상대의 화에도 이길 수 있다.

21

# 상대의 화에는 '지혜'로 이겨라

저에게 때때로 끝없이 의논하기를 좋아하는 사람들이 찾아옵니다. 그리고 '이래서는 안 됩니다. 그런 일을 하면 곤란합니다.' 라고 이런저런 것들을 말하기 시작합니다. 그러면 저는 서로 이야기할 때에는 감정적으로 말하는 것을 허용하지 않습니다. '잠깐 기다려 주십시오. 감정이 아닌 무엇이 문제인지, 왜 문제인지, 그 포인트만 이야기해 주십시오.' 라고 말을 합니다.

그러면 대부분의 사람은 그다지 말을 하지 않게 됩니다. 그리고 잠시 생각하는 동안 마음이 자연스레 정리되고 문제를 분명하게 파악한 상태로 되돌아갑니다. 그것에 대해서 분명하게 '그런 경우는 이런 게 아닐까.' 라고 말하면 상대는 '아, 그렇다.' 라고 납득하고 받아들일 수가 있습니다.

그래서 제가 마지막으로 '아직 더 말하고 싶은 게 있습니까?' 하고 물으면 모두 '괜찮습니다. 아무것도 아닙니다.' 라고 말합니다. 그리고 사이가 좋아지게 됩니다.

이쪽이 지혜를 낸 결과, 몇 시간이나 의논할 뻔했는데 아무런 의논 없이 문제는 끝난 것입니다. 제 자신도 일이 잘 풀려서 기분이 좋고 많은 사람의 화가 사라지게 되었습니다.

알기 쉽게 말하면 '상대의 화에 지혜로 이겼다.' 라는 것입니다. 상대의 화를 극복하는 것은 아주 재미있고 스스로에게 큰 자신감이 생깁니다. 그렇게 기억해 두십시오. 화를 내면 지는 것입니다. 하지만 화를 잘 내는 상대를 이기는 것은 아주 간단합니다.

상대의 화를 극복하는 것은 아주 재미있고 스스로에게 큰 자신감이 생긴다.

22

# 공격에는 수정(水晶)처럼 대응

'무슨 일이 있어도 화를 내지 않기' 위해서는 아직 넘어야 할 산이 있습니다. 누군가가 도저히 화를 내지 않으면 안 될 일을 하면 '어떻게 하면 좋을까' 라는 것입니다.

만약 그 사람이 자신의 세계에서만 나쁜 일을 하고 있다면 그것에 대해서 화를 내는 일은 없을 것입니다. 이상한 점을 발견하고 웃으면서 설명하고 가르쳐주면 되는 것입니다. 하지만 그것이 자신과 관련된 것이라면 문제입니다. 자신은 아무것도 나쁜 일을 하지 않았는데 상대가 자신에게 손해를 입히거나, 자신을 비방하거나, 바보 취급하거나, 차별하며 위협하려고 할 때는 어떻게 하면 좋을까요?

그럴 때는 화내지 않고 웃기만 하면 더욱더 바보 취급을 하려고 생각할지도 모릅니다. 하지만 누군가가 자신을 바보 취급하려고 할 때조차도 화를 내면 그것을 인정해 버리는 것이 되어서 상대가 승리하게 되는 것입니다. 상대가 '당신은 바보다.', '당신은 어처구니없는 사람이다.', '당신은 무책임한 사람이다.' 라고 비판하더라도 그것에 대해 화를 내면 모두 인정하는 것이 됩니다.

상대가 터무니없는 비방을 하더라도 그것으로 자신이 정말로 그렇게 되는 것은 아닙니다. 무슨 말을 들어도 '마음대로 하고 싶은 대로 하라.' 는 태도를 보이면 됩니다. 용기가 필요할지도 모르지만 그것으로 해결된 것입니다.

자신을 수정처럼 이미지화하는 것도 좋은 방법입니다. 투명한 빛을 발하는 수정처럼 간직하면 상대에게서 어떤 색의 물을 맞아도, 설사 아주 역겨운 냄새가 나는 물을 끼얹어도 닦으면 본래대로 깨끗해집니다. 그런 마음을 가지고 있으면 외부로부터의 어떤 공격에도 대처할 수 있을 것입니다. 반대로 스펀지처럼 흠뻑 빨아들이면 지는 것입니다.

> 무슨 말을 들어도 '마음대로 하고 싶은 대로 하라.' 는 태도를 보이면 된다. 용기가 필요할지도 모르지만 그것으로 해결된 것이다.

23

# '엄하게 가르치는 것'과 화

그래도 상대가 자신을 공격하려고 한다면 당당하게 가르쳐 주십시오. 당당하게 가르치는 것은 화가 아니기 때문에 괜찮습니다. 사회에도 타인에게도 폐를 끼치는 사람이 종종 있지만 그런 사람은 무지 덩어리입니다. 그런 경우는 그 사람에게 '두 번 다시 그런 일을 하지 마라. 그런 일을 하면 나도 나름대로 대응하겠다.' 라고 엄하게 말하는 게 좋습니다.

아무리 '나는 화를 내지 않는다.' 라고 해서 뒷걸음질치며 도망갈 필요는 없습니다. 당당한 정신은 화와는 관계없는 것입니다. 따라서 엄하게 가르칠 때도 화를 내면 여러분이 패배하는 것입니다.

절대로 화내지 말고 지혜와 지식을 이용해서 '당신이 또 똑같은 일을 하면 나도 분명히 되돌려주겠다.' 라고 말하면 상대도 두려움을 느낄 것입니다.

만약 여기서 화를 내면서 말을 하면 자신도 상대와 똑같은 무지한 상태가 되기 때문에 효과가 없습니다. 지혜와 지식이 있는 사람이라면 자신에게 손해를 주는 사람에게 손해 입힌 만큼 그대로 되돌려줄 수가 있는 것입니다.

( '나는 화를 내지 않는다.' 라고 해서 뒷걸음질치며 도망갈 필요는 없다.

24

# 제멋대로인 사람에게는 거울을 보여준다

누군가 살해당했다고 합시다. 그러자 피해자 쪽 사람들은 격하게 화를 내고 범인에게 '죽여 버리겠다.' 고 말을 하기도 합니다. 흔히 볼 수 있는 광경입니다. 하지만 그것은 옳은 방법이 아닙니다. 만약 제 가족이 누군가에게 살해당했다고 제가 화가 나서 '당신도 죽여 버리겠다.' 라고 말하고 실행한다면, 저 자신도 똑같은 죄를 범하게 되는 것입니다.

그것이 옳은 방법이 아니라는 것을 알고 있을 것입니다. 심한 일을 하는 사람을 잠깐이라도 똑같은 일을 겪게 해서 자신이 범한 잘못을 이해시킬 수 있다면 좋습니다.

하지만 그러기 위해서는 먼저 자신이 한없이 냉정해지지 않으면 안 됩니다. 더욱이 지혜나 이해심이 있는 사람만이 가능한 일이지 보통 사람은 좀처럼 할 수 없는 일이기도 합니다.

예를 들어 저를 괴롭히고 있는 사람이 있다고 가정합시다.

그래도 저는 화를 내지 않고 '그 사람은 머리가 나빠서 사람을 괴롭히려고 하고 있다.' 라는 것을 안다면 나름대로 대응을 합니다. '이 사람은 정말로 바보여서 이런 일을 하면 재미있지 않을까.' 하고 그 사람이 자신의 어리석음을 느낄 수 있도록 반쯤 놀리는 기분으로 어떤 일을 해보는 것입니다.

구체적인 방법은 가르쳐 드리지 않겠습니다. 누군가 제가 가르쳐준 방법을 쓰기라도 한다면 안 되기 때문입니다.

그렇지만 이것만은 기억해 두십시오. 자신이 침착하게 화를 내지 않는 것을 알고 공격하거나 비방하거나 제멋대로 하는 사람이 있다면 거울을 보여주십시오. 자신이 화를 내는 것이 아닙니다. '상대에게 거울을 보여주는' 방법을 쓰든지, 상대가 한 만큼 되돌려주든지, 제가 말할 수 있는 것은 그것뿐입니다.

거울을 본 상대는 자신이 한창 화를 내고 있는 얼굴을 보게 되고 무서워지게 됩니다.

그럼 어떻게 상대에게 거울을 보여주면 될까요? 비방한 것에 대해 험담을 하거나 변명을 하면 상대의 화를 그대로 받아들이는 것이 됩니다. 자신이 아주 싫은 기분이기 때문에 비방하는 상대의 바람이 이루어진 것입니다. 자신이 화를 내고 있기에 상대에게 지고 있는 것이 됩니다.

여기서 거울을 보여주는 것은 아주 간단합니다. 비방하고 있는 상대에게 '아, 당신은 심하게 화를 내고 있는 것이다. 괴롭지 않아? 손도 떨리는 것 같다. 너무 쉽게 화를 내는 성격 같아.

앞으로도 이런저런 큰일이 많을 거 같다. 괜찮아? 걱정이 된다.' 라는 식으로 상대에게 반론을 하지 않고 상대의 옳고 그른 심경을 판단하지 않고 걱정하는 마음으로 설명해 주면 되는 것입니다. 비방하는 상대가 예측하고 있던 반응이 아닙니다. 상대의 전략은 빗나간 것입니다.

비난받은 쪽도 온화한 마음으로 있을 수 있습니다. 이 방법으로 양쪽 모두 행복해질 수 있습니다. 거울을 보여주는 것은 이런 방식을 말합니다. 앞에서 말한 염라대왕 이야기를 떠올려 주십시오.

( 심한 일을 하는 사람을 잠깐이라도 똑같은 일을 겪게 해서 자신이 범한 잘못을 이해시킬 수 있게 하기 위해서는 먼저 자신이 한없이 냉정해져야 한다.

25

# 화가 사라지는 웃음

화를 다스리기 위해서는 지혜가 필요합니다.

지혜와 궁합이 맞는 것이 '웃음' 입니다. 우리들은 요즘 '웃음' 을 잊고 삽니다.

'화' 와 '웃음' 은 양립하지 않기에 화를 내지 않기 위해서는 웃으려고 노력하십시오. 인간은 웃음을 잊어버림으로써 불행해지고 있는 것입니다.

우선 '웃으며 생활하고 싶다.' 고 자신에게 말하십시오.

그리고 '나는 지금부터 잘 웃는 사람이 될 것이다. 부끄러워하지 말고 큰소리로 당당하게 웃자.' 라고 마음에서 정하고 실천하면 됩니다. 이해하는 것은 간단하지만 실제로 해보면 조금 어려울지도 모릅니다.

웃음과 화는 정반대의 성격입니다.

'무슨 일이 있어도 웃는다.' 라고 결심했다면 화가 나더라도 바로 웃어버리면 됩니다. 그걸로 화는 상당 부분 사라져버립니다. 언제나 잘 웃는 것을 잊지 마십시오.

웃음으로써 병을 치유하는 방법이 있습니다.

환자를 배가 아플 정도로 웃게 만들면 성격도 밝아지고 면역 시스템이 활성화 되어서 나쁜 세포를 제거해 준다고 합니다.

( 웃음과 화는 정반대의 성격이다. '무슨 일이 있어도 웃는다.' 라고 결심했다면 화가 나더라도 바로 웃어버리면 된다.

## 26
# 웃는 사람일수록 지혜가 있다

화를 내는 것은 대단히 무지하다는 것을 몇 번 이야기했습니다. 웃음이 생길 때에는 지식이 작용하고 있는 것입니다.

우리들은 왜 웃어버리는 걸까요? 이상하기 때문입니다. '이상하고 신기해서 배꼽이 빠질 정도로 웃긴다.'라고 말하기도 하지만, 보통의 법칙으로 보면 그 위화감의 차이가 이상함으로 느껴지는 것입니다.

웃는 순간에는 그것을 이해하고 있기 때문에 무지하거나 바보가 아닌 것입니다. 화를 낼 때에는 그 반대의 경우로 이유도 모르는 상태입니다.

화를 내는 대신 웃으려고 하는 경우에는 무지 대신에 지혜나 지식이 필요한 것입니다.

세상에는 다양한 문화가 있습니다. 사람을 웃기기 위한 문화에도 콩트나 노래나 만담과 같은 다양한 것이 있습니다. 그럴 때의 이야기를 객관적으로 보아 주십시오.

웃는 것은 잠깐 뒤로 미루고 '왜 이 이야기를 듣고 사람들이 웃는 걸까?' 라고 진지하게 관찰해 보십시오.

그러면 웃음의 스토리를 만든 사람들이 인간의 삶의 방식과 그 외의 여러 가지 요소를 공부하고 이해해서 재미있게 만든 것이 보이게 될 것입니다.

( 웃는 순간에는 그것을 이해하고 있기 때문에 무지하거나 바보가 아닌 것이다. 화를 낼 때에는 그 반대의 경우로 이유도 모르는 상태이다.

27

# 유머와 행복을 가져오는 지혜와 이해

사람을 웃긴다는 것은 상당한 지혜와 지식, 이해능력이 필요한 일입니다.

'보통 같으면 사람은 이럴 때 이렇게 하는 것이 올바르지만 이 이야기에서는 반대의 일이나 엉뚱한 짓을 한다.' 라고 스토리를 만들어내는 것입니다.

상식적인 방법이라는 것이 원래 존재하기 때문에 그것과 반대의 일을 함으로써 '웃음' 이라는 작용이 생기는 것입니다. 따라서 웃는 순간에는 우리들의 머리가 총명해지고 사실도 명확하게 눈에 들어오는 것입니다.

하지만 그중에는 누군가가 열심히 농담을 하고 있는데도 웃지 않는 사람이 있을 것입니다. 그것은 왜냐하면 스토리를 전부 이해하고 있지 못하는 것입니다. 머리가 이해하지 못하고 있는 것입니다.

흔히 '농담도 통하지 않는 사람' 이라는 말이 있습니다. 그럴 때에 우리들은 그 사람에 대해 어떤 인상을 가지게 될까요?

'농담조차 통하지 않다니 질렸다. 이 사람은 바보가 아닐까?' 라는 것이 아닐까요? 웃을 때에는 그것과 더불어 '이해' 라는 머리가 움직이고 있는 것입니다. 그렇지 않으면 유머는 생기지 않는 것입니다.

우선 무조건 자주 웃으십시오.

웃는 순간은 행복하고 면역작용이 활성화 되며 얼굴색도 아름답고 건강해집니다. 그리고 잘 웃는 사람은 그만큼 모두에게 사랑을 받으며 행복해질 수 있습니다. 화장이나 멋을 부리는 것은 돈이 들지만 웃음만 있다면 한 푼도 들이지 않고 즐겁고 아름답고 행복해질 수가 있는 것입니다.

( 웃는 순간에는 우리들의 머리가 총명해지고 사실도 명확하게 눈에 들어온다.

28

# 지혜의 웃음, 무지의 웃음

웃음에 대해서는 조금 주의해야 할 것이 있습니다.

제가 말하고 싶은 것은 '웃어서 행복해지라' 는 것이지 '행복하기 때문에 웃어라.' 라는 것이 아닙니다. '웃어서 행복해진다.' 라는 경우의 웃음과 '행복해서 웃는다.' 라는 경우의 웃음은 전혀 다릅니다. '행복해서 웃는다.' 라는 것은 조금 위험한 것입니다. 거기에는 함정이 있기 때문입니다.

'나는 행복하다. 모든 걸 가지고 있다. 돈도 있다. 그래서 만족해서 웃고 있는 것이다.' 라는 사람은 고통을 받는 경우가 많습니다. 그런 세계는 있을 수 없기 때문입니다.

원래 세속적인 삶에서는 완전한 행복을 얻는 것은 불가능합니다. 그럼에도 완벽하게 행복하다고 생각하고 만족하면 그 시점에서 보다 높은 행복을 목표로 삼는 것을 멈추기 때문에 나태로 이어지게 됩니다.

'나는 만족한다.', '모든 걸 가지고 있다.', '아이는 잘 크고 있다.', '남편도 문제가 없다.', '아내에게도 문제가 없다.', '회사는 잘 돌아가고 있다.', '아무런 문제도 없다.', '나는 행복하다.', '사는 게 행복하다.' 라는 것은 단지 행복에 젖어 있는 것입니다. 따라서 그곳에서 생기는 웃음은 한없이 무지한 웃음인 것입니다.

이처럼 '무지의 웃음' 과 '무지한 게으름뱅이의 웃음' 이라고 하는 두 가지를 혼동하지 마십시오.

인간을 행복하게 하는 것은 단순히 바보처럼 무지로 웃는 것이 아니라 '현상을 좀 더 생각해서 웃는' 지혜의 웃음인 것입니다.

인간을 행복하게 하는 것은 단순히 바보처럼 무지로 웃는 것이 아니라 '현상을 좀 더 생각해서 웃는' 지혜의 웃음이다.

## 29
# '웃음' 을 목적으로 하지 마라

'웃으면 좋다.' 라고 해도 '웃는 것' 에 휘둘려서는 안 됩니다.

웃는 것은 목적이 아니기 때문에 '즐거워서 웃기만 하고 해야 할 일을 모두 잊어버리는 것' 은 옳은 웃음이 아닙니다. 그것은 마약과 같으며 재미있는 것에 빠져 있는 것일 뿐입니다.

옳은 웃음은 '웃고 싶어서 웃는 것' 이나 '행복해서 웃는 것' 이 아닙니다. 그 두 개를 놓고서 웃는 것입니다.

바보 같은 사람은 웃고 싶어서 재미있는 만담을 하고 있는 장소를 일부러 찾아가서 그곳에서 웃은 다음 집으로 돌아오는 생활을 하고 있습니다. 그런 사람은 집에서는 웃지 않고 웃을 수 있는 장소에 가서 무리하게 웃으려고 하는 것입니다. 그것은 이상하지 않습니까?

제가 권하는 것은 집에 있거나 집 밖에 있어도 웃는 것입니다. 일이 잘 풀릴 때도, 일을 실패했어도 웃을 수 있는 마음만으로 언제라도 가능한 웃음법인 것입니다. 웃기 위해 일부러 어딘가를 찾아갈 필요는 없습니다.

( 웃는 것은 목적이 아니기 때문에 '즐거워서 웃기만 하고 해야 할 일을 모두 잊어버리는 것' 은 옳은 웃음이 아니다.

30
# 세상이 재미있는 웃는 힘

이런 웃음법이 가능하려면 어떻게 하면 좋을까요?

간단히 말하면 지금 당장 웃는 것입니다. 당장 웃으면 그것만으로 벌써 몸에 익숙해집니다.

'당장 웃자.' 라고 생각해도 처음에는 웃을 수 없을지도 모릅니다. 그래서 화를 내는 사람도 있습니다. 하지만 솔직한 사람은 '그래도 웃어야 한다.' 고 생각하고 억지로 웃고 있습니다.

신기하게도 억지로 웃어보면 어느새 재미있는 것을 스스로 발견할 수 있게 됩니다.

즉 지혜가 작용하는 상태입니다. 따라서 24시간 즐겁게 생활하는 사람에게는 무엇을 보아도 재미있는 것을 찾아낼 수 있는 것입니다.

예를 들어 아이들은 어디에 있어도 1분도 지나지 않은 사이에 무언가 놀거리를 발견할 것입니다. 무엇을 주더라도 어디에

데리고 가더라도 상관하지 않습니다. 1분 정도 가만히 기다리고 있으면 아이는 놀기 시작합니다.

'무언가' 가 있기만 하면 아이들은 놀기에 충분한 것입니다. 하지만 그것은 어렸을 때만의 경우입니다.

어린아이를 웃기는 것은 아주 간단한 일입니다. 농담 한 마디로 아이들은 웃어버립니다. 왜 저런 일로 웃는 것인지 아이들은 알고 있지 못합니다. 기껏해야 '엄마가 즐거운 것 같아서, 자신도 즐겁다.' 라는 정도의 이유일 것입니다.

( 신기하게도 억지로 웃어보면 어느새 재미있는 것을 스스로 발견할 수 있게 된다. 바로 지혜가 작용하는 것이다.

31

# 웃음은 강자의 증명

우리들이 '무슨 일이 있어도 웃자.' 라고 결심했다면 재미있는 것을 발견하는 것은 어렵지 않습니다.

신기하게도 모든 현상에는 반드시 이상한 점이 있습니다. 세상에 완전한 것은 아무것도 없습니다. 이상한 점이 없는 것은 없습니다. 정말로 웃고 싶으면 웃을 수 있는 대상은 무엇이든지 좋습니다.

하지만 제가 누군가에게 그것을 전하기 위해서는 제가 해보이는 것 외에 방법이 없습니다.

때때로 함께 있는 사람에게 말로 그 방법을 가르쳐주려고 해도 전혀 이해하지 못합니다. 따라서 어쩔 수 없이 '나는 혼자서 웃겠습니다.' 라고 결심하고 혼자서 웃고 있습니다.

저는 얼굴에 드러내고 웃지는 않지만 마음속에서는 여러 가지 현상을 웃음의 도구로 사용하고 있습니다.

정말로 어떤 것에서도 재미있는 것을 발견할 수 있습니다. '무엇 하나 완전한 것은 없다.' 라는 입장으로 세계를 보면 웃음거리를 발견할 수 있습니다.

예를 들어 비가 내리는 가운데 우산을 들고 나가서 전철을 탔습니다.

우산을 접으면 우산 끝에서 물이 흘러내릴 것입니다.

저는 그 물이 잘 흐르면 '물방울은 어디로 가는 걸까?', 기관사가 브레이크를 밟으면 '이번에는 어디로 갈까?' 하고 물방울이 움직일 때마다 '어느 쪽으로 흐를까?'를 생각하면서 지켜봅니다. 물의 흐름이 전철 바닥을 모험하는 모습 하나에도 재미를 느끼는 것입니다. 여러 가지 발견이 있습니다. 아무 곳에도 흐르지 않는 경우는 다양한 형체를 하고 있는 물로 우산 끝으로 그림을 그립니다.

건너편에 앉아 있는 사람도 깨닫지 못하고 있다고 생각하지만 저는 언제나 그런 행동을 하고 있습니다.

웃음은 강자의 증명이고 화는 패배자의 낙인입니다. 즐겁게 살기 위해서 지금 웃으십시오. 그것으로 화와는 멀어지게 됩니다.

화를 내는 것은 패배를 전하는 어리석은 사람의 몫입니다.

지혜가 있는 사람은 망설이지 않고 웃을 수 있는 길을 선택할 것입니다. 어려운 것은 아무것도 없습니다.

( 세상에 완전한 것은 아무것도 없으며 이상한 점이 없는 것도 없다.

32

# 마음을 진정시키고 상황을 파악하라

'이해하는 것'도 중요한 포인트입니다. 이것은 머리를 써서 지식적으로 이해한다는 것뿐만 아니라 '상황을, 그 배경을 포함해서 파악한다.'라는 것입니다. 이를 위해서는 먼저 침착해져야 합니다.

예를 들어 아이가 '학교에 가고 싶지 않다.'라고 말하면 우리들은 큰일이라고 당황합니다. 그리고 '그런 말 하지 말고 어서 빨리 학교에 가라.'고 명령합니다. 이 기분이 사실은 화인 것입니다.

만일 이때 냉정하게 마음을 진정시키고 조금이라도 이해하려고 한다면 '아이의 마음속에 학교에 가고 싶지 않은 이유가 있을 것이다.'라고 생각할 것입니다.

이것을 이해하지 못하는 사람은 하찮은 망상으로 '공부가 하기 싫어서 큰일이다.'라거나 '남들이 알면 얼마나 부끄러울까.' 또는 '옆집 아이는 학교에 잘 다니는데.'라는, 결국 자신의 일밖에 생각하지 않는 것입니다. 그래서 잘 생각하지도 않고 '학교에 가.' 라고 말해 버립니다. 아이는 한 사람의 인간이지 부모의 노예가 아닙니다.

이런 경우는 먼저 '아, 그러니?' 라고 말하고 나서 상황을 파악해 보아야 합니다.

'아이가 학교에 가고 싶지 않은 어떤 이유가 있구나.' 라고 생각한 순간 마음은 냉정해집니다.

그러면 얼굴 표정도 '큰일이다.' 라는 속마음이 나타나지 않고 웃으면서 이야기할 수 있습니다.

아이에게도 그런 마음은 곧 전달됩니다. 그리고 '학교에 가고 싶지 않은 이유라도 있니?' 혹은 '내가 어떻게 해줬으면 좋겠니?' 라고 물어보는 것입니다. 아무런 도움이 되지 못할 경우라도 '나한테 얘기해 보면 어떨까?' 라는 말 정도는 할 수 있습니다.

이야기 도중에 자신의 일밖에 생각하지 않는 어머니로 돌아가지 않도록 주의하십시오. 그 아이의 마음의 파장에 맞춰서 이야기를 듣고 문제를 이해하려고 하면 해결 방법은 나오기 마련입니다.

남편이 아주 나쁜 기분으로 집에 돌아왔다고 합시다. 하지만 그때 아내까지 토라져서 화를 내고 대응한다면 절대로 좋을 리가 없습니다.

이럴 때에 '아, 오늘은 좀 기분이 나쁜 거 같다.' 라고 냉정하게 생각하고 대하면, 이유를 들어볼 수 있을 것입니다.

일의 세계에서도 마찬가지입니다.

어떤 사람이 실적을 올리고 싶어서 다른 사람에게 일도 정보도 주지 않고 자신만 여러 가지 일을 하고 있다고 합시다. 그래서 회사 상황이 점점 나빠지면 냉정하지 못한 상사라면 '보고도 하지 않고 제멋대로 일을 해서는 곤란하다.' 라고 곧 화를 낼 것입니다. 이럴 때 냉정함을 잃지 않는다면 '이 사람은 자신의 실적을 올리고 싶어서 열심히 노력한다.', '이건 단순한 허세다.', '이 사람은 정말로 이 일을 할 수 없다. 하지만 회사에 보고하면 회사는 능력 있는 다른 사람에게 일을 맡길 것이기 때문에 혼자서 하려고 한다.' 라는 그 사람의 사정을 고려해 볼 수가 있는 것입니다.

그러면 해답도 나옵니다. 그대로 문제가 없는 경우라면 그냥 내버려두는 것입니다. 내버려두어 회사에 위험할 것 같으면 '우리들이 알아서 할 테니 당신은 다른 일을 하시오.' 라고 말하면 되는 것입니다.

그런 '작은 배려(작은 마음의 냉정함)' 도 화를 없애는 하나의 방법입니다. 비록 자신이 실패해서 혼이 났다고 해도 기분 나빠하지 말고 '내가 이런 실패를 했기 때문에 이 사람은 이런 식으로 말하고 있는 것이다.' 라고 객관적으로 판단할 수 있습니다.

마음의 냉정함과 침착함은 그 자리에서 금방 키울 수 있는 것입니다.

'작은 배려(작은 마음의 냉정함)' 도 화를 없애는 하나의 방법이다.

## 33
# 화를 잘 내는 사람과의 교제법

무슨 일이 있어도 화를 내지 않는 것을 실천할 수 있게 되었다고 합시다. 하지만 자신은 침착하게 있지만 주위의 사람이 화를 내는 경우가 있습니다. 이런 경우 어떻게 하면 될까요?

그때에는 평소보다 더 냉정하게 객관적으로 사물을 보아야 합니다. 예를 들어 회사에서 부장이 화를 내면 이렇게 생각하는 것입니다.

'이 사람은 부장이니까 부장의 입장에서 이야기하고 있는 것이다. 나도 부장이 되면 아마도 저럴 것이다. 어차피 우리들 일은 실패투성이기 때문에 그 사람은 나를 혼낼 수밖에 없다. 그러니 그 사람도 피해자다.'

예를 들어 시어머니에게 괴롭힘을 당하는 며느리도 마찬가지입니다.

'시어머니는 피해자다. 자신이 지금까지 여왕처럼 모두 지배

해 왔는데 아들을 빼앗기고 외부의 사람에게 권력을 빼앗겼다. 지금은 홀로 외톨이가 되었으니 피해자다.'

이처럼 상대의 상황을 이해하면 바로 해결 방법이 보일 것입니다. '자신이나 상대가 피해자다.' 라고 생각하는 것도 한 가지 방법입니다.

상대와 똑같이 화를 내는 것이 아니라 '이 사람에게는 자신감이 없고 불안하기 때문에 사람을 괴롭히고 비방하고 무시하려고 하는 것이다. 내 능력을 무시하려는 것은 이 사람에게 능력이 없기 때문이다. 이 사람은 자신의 화를 표현하고 있는 것일 뿐이다. 불쌍한 피해자다.' 라고 그 사람의 마음을 살펴주어야 합니다.

( '자신이나 상대가 피해자다.' 라고 생각하는 것도 화를 잘 내는 사람과 친해지는 한 가지 방법이다.

34

# 타인이 뱉은 쓰레기를 먹을 필요는 없다

화는 눈사람처럼 불어나기 때문에 대체로 화를 내는 사람은 화를 주체할 수 없는 상태가 됩니다.

화를 스스로 없애지 못하는 사람은 자신의 마음에 화의 독이 생기면 그 에너지를 외부로 표출하지 않으면 안 됩니다.

따라서 화를 내고 있는 사람은 그 때문에 지껄이고 있는 것일 뿐입니다.

능력이 없는 상사가 유능한 부하직원을 혼내고 있다고 합시다. 그런 경우는 혼이 나고 있는 부하가 마음속에서 '이 사람은 나이도 많고 능력도 없다. 그래서 걱정되고 고민이 되어서 그 스트레스를 발산하고 있는 것이다. 그러니 그 상태에서 건져주자.' 라고 생각하면서 그 사람의 이야기를 들어주면 되는 것입니다.

이야기는 들어줘도 상대의 화를 감정적으로 받아들여서 주눅이 들 필요는 없습니다. 그 사람은 자신의 몸에 쌓인 쓰레기를 외부로 표출하고 있는 것일 뿐이기 때문에 일부러 자신이 쓰레기통이 될 필요는 없습니다.

화를 내고 있는 사람의 상태는 어떤 안 좋은 음식을 먹고서 배탈이 나서 토하는 것과 같은 것입니다. 그 사람의 말과 행동은 쌓여 있는 독을 내뱉고 있을 뿐이기 때문에 속이 깨끗해져서 냉정을 찾을 때까지 마음껏 내뱉게 해주십시오. '저 사람이 토해낸 것을 먹고 나까지 배탈이 날 필요는 없다.' 라는 태도면 됩니다.

원래 아무리 맛있던 것이었더라도 먹고 토해낸 것을 주워서 먹을 필요는 없습니다.

화도 그것과 똑같습니다. 화를 내는 사람들은 자신이 먼저 화를 낸 다음 다른 사람의 화를 유도합니다. 몸에 안 좋은 것을 먹고 그것을 토해내고 누군가에게 먹이려고 하는 것과 마찬가지 상태입니다.

그러니 그런 것을 주워서 먹어서는 안 됩니다. 주위의 사람이 화를 내고 이야기하고 있는 것에 휩쓸려서 자신도 화를 내는 것은 '썩은 음식을 먹은 사람이 토해낸 것을 주워서 먹는 것과 같은 것.' 이라고 생각하십시오. 절대로 받아들여서는 안 됩니다. 마음을 그런 상태까지 키우면 상대의 화에 대응해서 화를 내는 일은 없을 것입니다.

(화를 내고 있는 사람의 상태는 어떤 안 좋은 음식을 먹고서 배탈이 나서 토하는 것과 같은 것이다.

## 35
## '화내지 않는 것'은 기적을 가져온다

화를 내고 있는 사람이나 자신을 비방한 사람에게 화를 내지 않는 것을 한 번이라도 도전해 보면 상대가 자기편이 되거나 아무도 손해를 보는 일 없이 이길 수 있다는 것에 놀랄 것입니다. 상대는 자신을 불합리하게 비방하고 있는 것입니다. 그렇지만 화를 내지 않고 여유 있게 '뭐, 그렇게 말하는 건 자유니까. 내가 남의 화까지 조절할 수 없으니까.' 라고 대수롭지 않게 여기면 어떻게 될까요?

상대가 심하게 화를 내고 있을 때에도 개의치 않고 여유롭게 있는 사이에 신기하게도 상대도 화를 멈추고 이윽고 웃게 되어 사이가 좋아지게 됩니다. 그리고 계속 같은 편이 되어서 두 번 다시 자신을 비방하거나 화를 내거나 하는 일은 없어질 것입니다.

이것은 실제로 실행해 보면 주문이나 기적과 같이 느껴질 것입니다. 사실은 '화내지 않는 것' 은 진정한 기적을 일으키는 것입니다. 이론적인 이야기일 뿐 기적이라고까지 할 수는 없지만 적이 차례로 자신의 편이 되어버리는 '기적' 인 것입니다.

그뿐만이 아니라 그 화(怒)가 없는 상태의 힘으로 인해 금방 자신감이 넘치는 인간으로 성장하는 것입니다.

실제로 실행해 보면 탐욕(貪慾)이 없는 상태, 이성(理性)이 있는 상태의, 선(善)의 에너지를 느낄 수 있게 됩니다.

불탐(不貪) · 불진(不瞋) · 불치(不痴)를 느낀다면 과거의 일은 달콤한 추억이 되는 것입니다.

탐진치(貪瞋痴)를 이긴 경험이 있는 사람은 그것을 떠올리면 언제나 기분이 좋아집니다.

탐진치는 자신에게도 타인에게도 폐가 됩니다. 그러니 자신의 탐진치를 극복하는 것으로 이미 주위에 평화와 온화를 주고 있는 것입니다.

개인이 '평화선언, 화평운동, 평화를 위해 싸운다, 화평을 위해 목숨을 아끼지 않는다.' 라고 힘쓸 필요는 전혀 없습니다.

불교의 세계에서는 그런 쓸데없는 일을 하지 않아도 괜찮습니다.

탐진치를 제어하는 사람은 등불처럼 타인에게 평화의 빛을 발하고 있는 것입니다.

자신이 탐진치를 극복하면 자신에게서 평화의 빛이 발산됩니다.

( 화가 없는 상태의 힘으로 인해 금방 자신감이 넘치는 인간으로 성장하며 실제로 실행해 보면 탐욕이 없는 상태, 이성이 있는 상태의, 선의 에너지를 느낄 수 있게 된다.

# 36
# 평화를 이야기하는 사람이 강자

화를 내는 사람은 정신적으로나 육체적으로나 약합니다. 용기가 전혀 없기 때문에 언어적 폭력으로 상대를 억압하려고 생각하고 있는 것뿐입니다.

사회에서도 여러 가지 무기를 만들어서 '강해지자' 라고 생각하는 것은 본질이 약하고 한심하기 때문인 것입니다.

반대로 말하면 우리들은 화를 내지 않음으로써 정신적으로나 육체적으로 아주 강한 인간이 될 수 있는 것입니다. 사회적인 언어로 말한다면 평화를 이야기하는 사람이 강자이며 '져서는 안 된다. 싸우자.' 라고 하는 사람은 약자입니다.

평화에 필요한 것은 용기입니다. 반대로 전쟁은 약함에서 기인하는 것입니다.

우리들은 '화를 내는 것은 꼴불견이다.' 라는 것을 분명하게 이해하고 화를 낸 시간을 부끄러워해야 합니다.

만약 화를 냈다면 바로 '아, 나는 약하다. 정신적으로나 육체적으로나 약하다.' 라고 생각하십시오.

제가 이야기한 것으로 비방당하거나 쓰레기 취급을 당한 것 같은 느낌이 드는 사람이 있을지도 모릅니다.

하지만 그것은 의도적인 것입니다. 그런 말에 만약 화가 난다면 '이 사람은 나를 비방하고 있는 게 아닌가.' 라고 화를 내지 말고 '자신의 그 화' 를 싹 지우십시오.

화를 '더러운 쓰레기다.', '실수투성이다.' 라고 생각하십시오. 화를 부끄러워하십시오. 그렇지 않으면 화라는 것은 없앨 수 없습니다.

화를 극복하는 방법은 여러 가지가 있습니다.

화를 내지 않음으로써 정신적으로나 육체적으로 아주 강한 인간이 될 수 있다.

37
# 누구나 행복하게 살 수 있다

'화' 는 인간의 불행 그 자체입니다.

저는 사람들이 모두 행복하게 살아가기를 바랍니다. 비록 1분, 2분이라도 30초라도 고통스럽거나 고민할 필요는 없습니다.

분해하거나 '아, 졌다.' 라고 생각하는 것은 불행입니다. 따라서 마음은 항상 기쁨을 느끼면서 언제나 밝고 즐겁게 생활하기를 바랍니다.

짧은 인생, 괴로워하거나 고민할 필요는 없습니다. 마음가짐에 따라 누구나 행복하게 살아갈 수 있는 것입니다.

그러기 위해서는 우리들의 불행을 초래하는 '화' 만은 절대로 마음속에 들이지 말아야 합니다.

그렇게 하면 이내 그 자리에서, 그 순간에, 우리들은 행복을 맛볼 수 있을 것입니다. 동시에 화를 치유하는 훈련을 쌓음으로

써 지혜도 성장하고 사물을 보는 시야도 점점 분명해집니다.

'화를 내지 않는 것' 을 실천하는 것은 지혜를 추구하고 한층 행복해지기 위한 길인 것입니다.

우리들의 불행을 초래하는 '화' 만은 절대로 마음속에 들이지 말아야 한다.

**화를 다스리면 인생이 달라진다** (개정판)

●

1판 1쇄 발행 ‖ 2022년 11월 5일

저　자 ‖ 알루보물레 스마나사라
옮긴이 ‖ 강성욱
편역자 ‖ 장운갑
펴낸이 ‖ 김규현
펴낸곳 ‖ 경성라인
주　소 ‖ 경기도 고양시 일산동구 백석2동 1456-5
전　화 ‖ 031) 907-9702
팩　스 ‖ 031) 907-9703
E-mail ‖ kyungsungline@hanmail.net
등　록 ‖ 1994년 1월 15일(제311-1994-000002호)

ISBN 978-89-5564-188-2 (03150)